W0343220

Callwey

Südliche Fensterfront des Kernhauses

© 2000 Verlag Georg D.W. Callwey
GmbH & Co, Streitfeldstraße 35 ,
D-81673 München e-mail: buch@callwey.de
www.callwey.de

Die Deutsche Bibliothek – CIP-Einheitsaufnahme:
Ein Titeldatensatz für diese Publikation ist bei
Der Deutschen Bibliothek erhältlich.

Das Werk einschließlich aller seiner Teile ist urheberrechtlich geschützt. Jede Verwendung außerhalb der engen Grenzen des Urheberrechtsgesetzes ist ohne Zustimmung des Verlages unzulässig und strafbar. Dies gilt insbesondere für Vervielfältigungen, Übersetzungen, Mikroverfilmungen und die Einspeicherung und Verarbeitung in elektronischen Systemen.

Lithos: Trevicolor s.r.l., Dosson di Casier (TV)
Druck und Bindung: Grafiche Fover, Foligno (PG)
Printed in Italy, 2000
ISBN 3-7667-1439-2

Bernd Grützmacher

Mein Fertighaus individuell ausbauen

Montageablauf, Eigenleistung, über 400 Schritt-für-Schritt-Abbildungen

Callwey

Inhalt

Vorwort

Die in diesem Buch vorgestellten „Wunschhäuser" sind das Ergebnis einer Fragebogenaktion des Magazins STERN und der Bausparkasse Schwäbisch Hall, an der sich über 70.000 Leser beteiligten. Fazit der Befragung: Das individuelle Wunschhaus sollte pfiffig, ökologisch, bezahlbar, praktisch und freistehend sein.
Um zu demonstrieren, dass das Eigenheim kein Wunschtraum bleben muss, entschlossen sich Schwäbisch Hall und STERN, verschiedene Wunschhäuser nach den Vorgaben der Leser zu bauen und riefen deshalb zu einem internationalen Architektenwettbewerb auf, an dem sich zehn renommierte Architektenbüros beteiligten. Ihre Entwürfe und Modelle wurden durch eine 13-köpfige Jury unter Schirmherrschaft des Bundesbauministers begutachtet.
Der erste Preis ging an das Kasseler Architektenteam „Baufrösche" für das Mehrgenerationen-Haus. Den zweiten Preis teilten sich der Kölner Architekt Peter Kulka für das Variantenhaus und der Tübinger Architekt Joachim Eble für das Ökohaus.
Das Winkelhaus der Architektin Inken Baller, Berlin, und das Stadthaus des Hamburger Architektenbüros Ingrid Spengler und Friedo Wiescholek erhielten den dritten Preis. Für die ungewöhnliche Kern/Umraum-Idee wurde das Berliner Team Tim Heide, Verena v. Beckerath und Andrew Alberts mit dem vierten Preis ausgezeichnet.
Auf dem Gelände eines ehemaligen Bundeswehrdepots am nördlichen Rand eines Landschaftsschutzgebietes im Westen Hamburgs konnte das Wunschhaus-Projekt unter bautechnischer Leitung des Fertighausherstellers Bien-Zenker realisiert werden.
Vor Baubeginn der Wunschhäuser wurde der Baugrund metertief komplett ausgetauscht und anschließend von Vermessungs-Ingenieuren (wfw nord consult) millimetergenau eingemessen. Der daraus entstandene Lage- und Absteckplan im Maßstab 1:200 war dann Basis für die Fundament- und Kellerplanung und Grundlage für die Gestaltung der Außenanlagen.

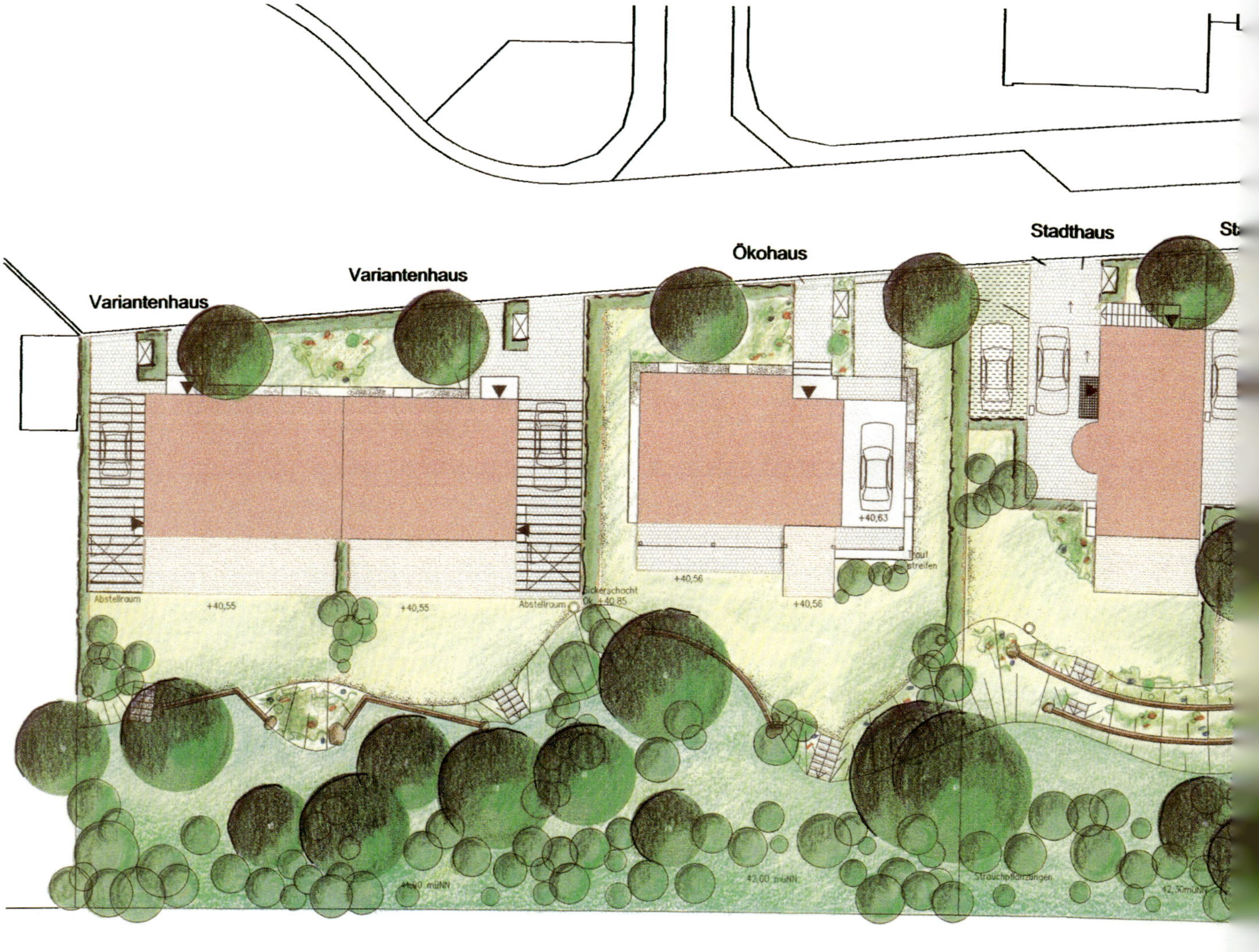

Einleitung

Im vergangenen Jahr wurden in Deutschland 32.000 Ein- und Zweifamilienhäuser in Fertigbauweise errichtet, davon der überwiegende Teil in Holzrahmenbauweise, die ihren Ursprung in der jahrhundertealten Fachwerkkonstruktion hat.
Auch die in Hamburg-Süddorf von Bien-Zenker-Montageteams errichteten Wunschhäuser wurden – mit Ausnahme des Ökohauses – in der klassischen Holzrahmenbauweise hergestellt, wobei auch Leimbinder und Stahlträger wichtige Konstruktionselemente waren, mit deren Hilfe die individuellen Entwürfe der Architekten realisiert werden konnten.
So entstand eine hochwertige Wohnhaus-Architektur in Fertigbauweise, die sich durch unterschiedliche Dachformen und Fassadengestaltungsideen und Materialien eine eigene Identität geschaffen hat.
Eine wichtige Rolle in diesem Projekt spielte auch der Wunsch potentieller Bauherren und -damen, die Kosten ihres Hauses durch Eigenleistungen zu senken. Aus diesem Grund werden die einzelnen Wunschhäuser auch als Ausbauhäuser angeboten. Die wichtigsten Gewerke sollen so detailliert wie möglich dargestellt werden, um Bau- und Ausbauwilligen die Frage zu erleichtern, was in Eigenleistung möglich ist – oder nicht!
Durch die professionelle Arbeit aller Handwerker, die die Wunschhäuser aufgestellt, eingedeckt, verkleidet und bis ins letzte Detail ausgebaut haben, wurde eine solide Dokumentation der bautechnischen Detailabläufe ermöglicht. Analog dieses Lage- und Landschaftsplanes wird der Bauablauf der einzelnen Wunschhäuser vom Generationenhaus im Osten bis zum Variantenhaus im Westen hier dokumentiert.

Das Generationenhaus

Baufrösche, Kassel

Der kreative Prozess

Skizzen und Zeichnungen
Ansichten, Schnitte, Grundrisse

Baubeschreibung und Baumaterialien

Aufbau der Außenwände
Dachaufbau Satteldach (Haus 1)
Dachaufbau Flachdach (Haus 2)
Architektonische Details

Bau- und Montageablauf

Rohbaumontage (Haus 2)
Rohbaumontage (Haus 1)
Die Haus-zu Haus-Brücke
Dachgeschossmontage (Haus 1)
Holzverkleidung, Lisenen, Regenrinne
Dachabdichtung (Haus 2)

Niedrigenergiehaus und Luftdichtheitsprüfung

Der kreative Prozess

Skizzen und Zeichnungen

Bevor erste Skizzen zum Mehrgenerationenhaus entstanden, versuchten die „Baufrösche" aus Kassel ihr Wunschhaus verbal zu definieren, wobei sie archaischen Wohnbedürfnissen aus Kindertagen nachspürten. Im erläuternden Text zur architektonischen Konzeption heißt es demgemäß: „Unser Wunschhaus ist dem Traumhaus unserer Kindertage ähnlich: eine kleine Hütte ganz versteckt zwischen Bäumen und Sträuchern. Sie war klein, weil wir sie so verstecken und dann ganz ausfüllen konnten – allein oder zu zweit."

Die „Baufrösche" ergänzen, dass Wohnmobile und Wohnboote heutzutage wohl diesen Kinderträumen entsprechen, während das übliche Einfamilienhaus am Stadtrand zu groß für solche Träume ist: „Es ist nicht aus Fantasie, sondern mehr aus Anstand und Anpassung entstanden." Und warum sollte man statt eines großen Anstandshauses nicht zwei kleine Traumhäuser bauen?

Erste Skizzen entstanden:

Zeichnung 1 *„Ein ganzes Haus und ein kleines Haus"*
Zeichnung 2 *Wunschdoppelhaus mit Carport*
Zeichnung 3 *Grundriss-Skizzen für Erd- und Obergeschoss*
Zeichnung 4 *Erste Fassaden-Ideen*

1

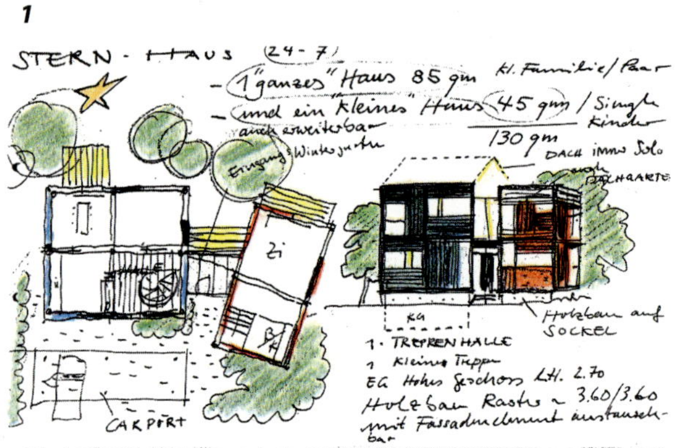

2

3

4

Und da zwei kleine Häuser gemeinsam oder getrennt bewohnbar sind, lassen sich hier unterschiedliche Lebensformen und Lebensgemeinschaften realisieren, wobei Terrassen im Garten und die verbindende Wintergarten-Brücke im Obergeschoss Nähe und Distanz ermöglichen. Mit dieser Konzeption kann man aus zwei Traumhäusern ein Wunschhaus bauen: Für Jung und Alt; zum Wohnen und Arbeiten – oder für Wohngemeinschaften, die neue Lebensformen wagen.

Interessant ist aber auch die finanzielle und bauliche Flexibilität dieses Entwurfs. Zitat der Baufrösche: „Man kann auch erstmal nur mit einem Häuschen beginnen und später das zweite dazubauen. Oder das zweite gleich als Ausbauhaus daneben stellen und es dann an den Feierabenden nach und nach ausbauen."

Nach den ersten visuellen Annäherungen begannen die Baufrösche, ihre Ideen über Computersimulationen perspektivisch darzustellen, um sich an die endgültigen Formen heranzutasten.

Zeichnungen 5–8 *Perspektivische Darstellungen des Generationenhauses*

5

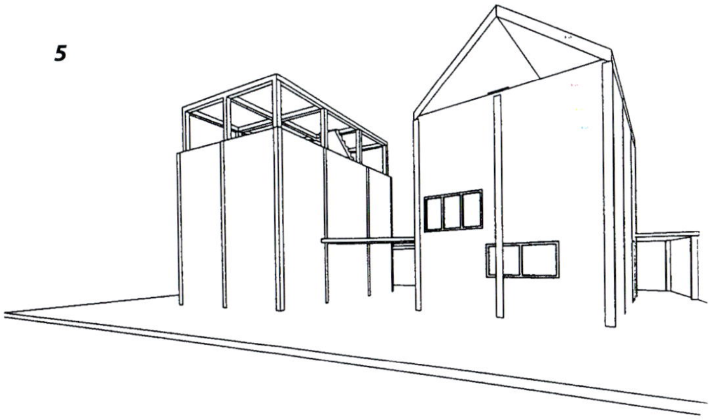

6

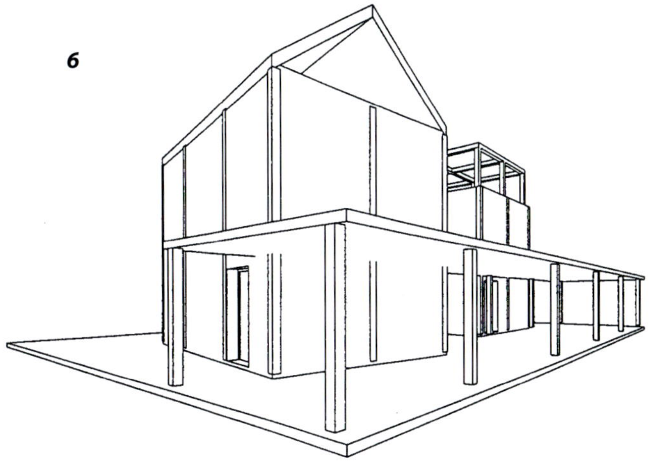

7

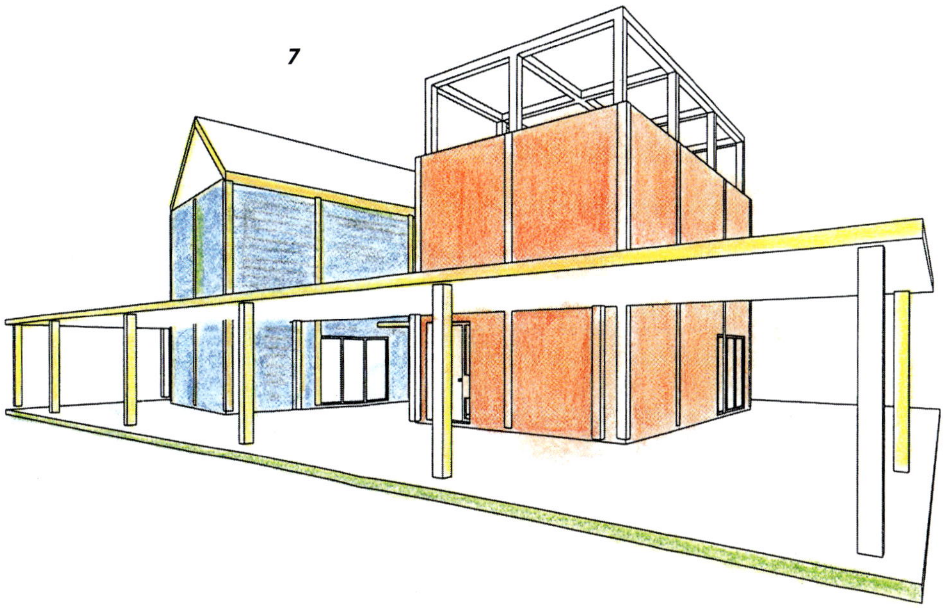

Erst nach der Computersimulation ließen sich die alternativen Grundrisse und Schnitte für den Wettbewerb ausarbeiten, in dem die Baufrösche mit dem ersten Preis honoriert wurden. Diese Zeichnungen waren dann auch die Grundlage für die Planung und Fertigung der Fertighäuser. Die folgende Skizze verdeutlicht, dass bereits in dieser Phase entschieden wurde, welches Haus zu unterkellern war; ergänzend dazu ist darunter die technische Zeichnung zu sehen.

8

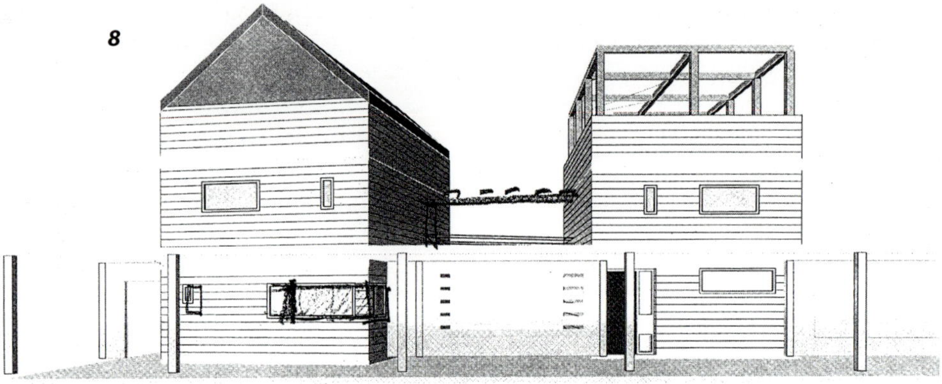

9

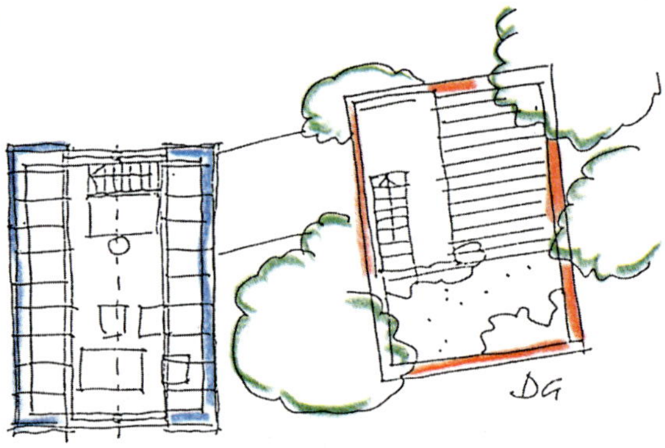

10

Zeichnung 9 *Skizzierter Grundriss Dachgeschoss und Schnitt beider Häuser*

Zeichnung 10 *Schnittzeichnung Haus 1+2*

Ansichten, Schnitte, Grundrisse

Anhand der Skizzen und Zeichnungen fällt auf, dass die beiden Häuser miteinander verbunden, aber nicht identisch sind. Das beginnt mit der unterschiedlichen Dachform, setzt sich fort in der Anzahl und Größe der Fenster und der Gestaltung der Außenfassade und zeigt sich am auffälltigsten in der versetzten Anordnung der beiden Häuser auf dem Grundstück. Interessanterweise konnte dieses Ensemble in Nord-Süd-Richtung zueinander geplant und realisiert werden, das heißt, das Haupthaus befindet sich im Norden und das Nebenhaus im Süden.

In den Ansichten wird deutlich, dass jedes Haus als eigene Identität geplant wurde, mit separatem Hauseingang, individueller Dachform und unterschiedlicher Fassade. Während das Satteldach-Haus noch eine zusätzliche Wohnfläche von ca. 33 m² im Dachgeschoss zulässt, ermöglicht das Flachdach auf Haus 2, das als Terrasse mit teilüberdachtem Wind- und Regenschutz vorgesehen ist, den Aufenthalt im Freien zu jeder Jahreszeit. In den folgenden Schnittzeichnungen werden die Unterschiede zwischen beiden Häusern besonders deutlich, wobei auch auffällt, dass nur das vordere Haus unterkellert ist. In diesem Keller ist die Gas-Heizanlage für beide Häuser vorgesehen. Das Haus 2 wird über Ver- und Entsorgungsschächte angebunden.

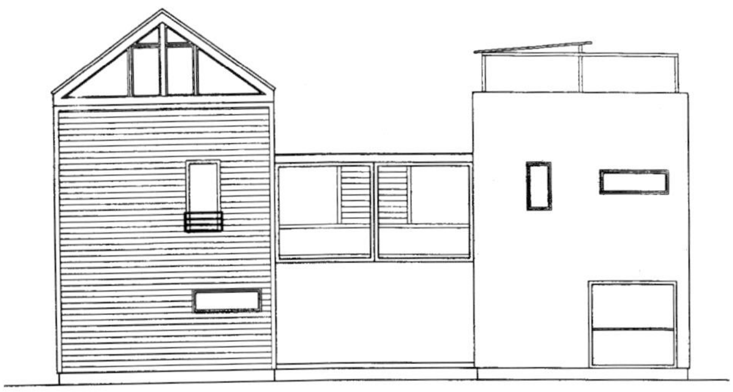

Zeichnung 11 *Westansicht Generationenhaus. Links Haus 1, rechts Haus 2 und die verbindende Brücke*

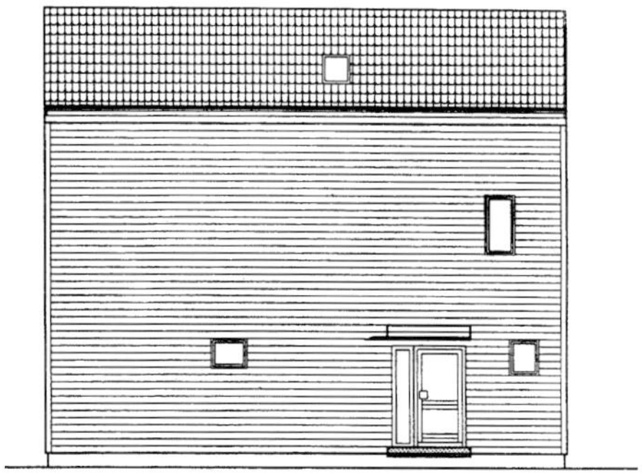

Zeichnung 12 *Nordansicht Haus 1 mit Hauseingang*

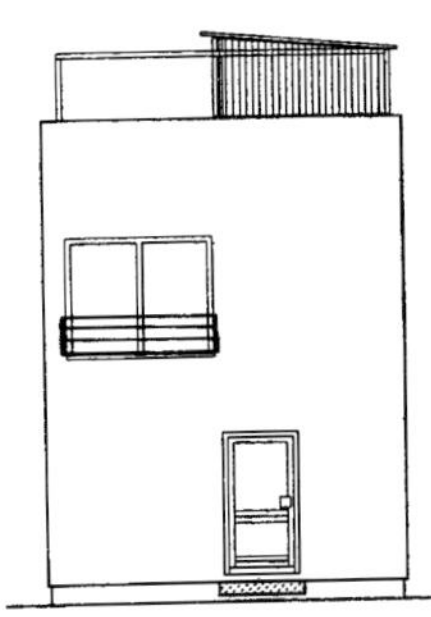

Zeichnung 13 *Ostansicht Haus 2 mit Eingangstüren*

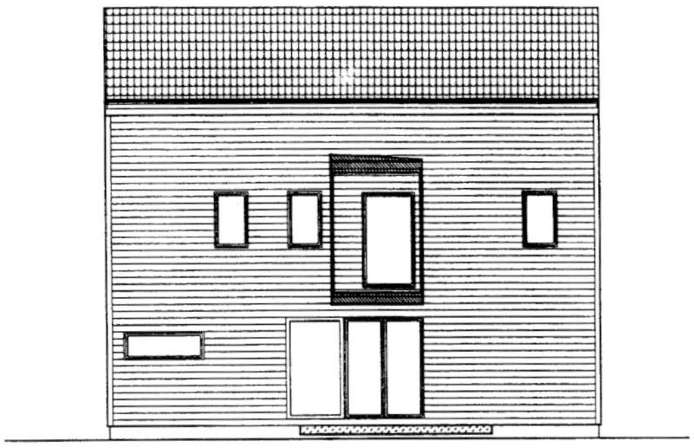

Zeichnung 14 *Südansicht Haus 1 mit Terrassentür und Brückenanschluss*

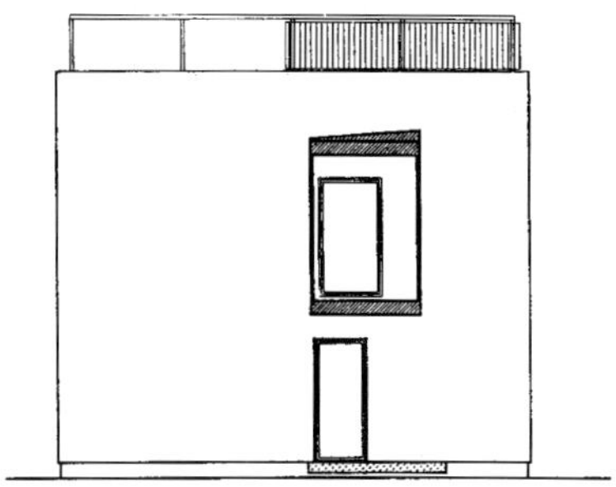

Zeichnung 15 *Nordansicht Haus 2 mit Terrassentür und Brückennschluss*

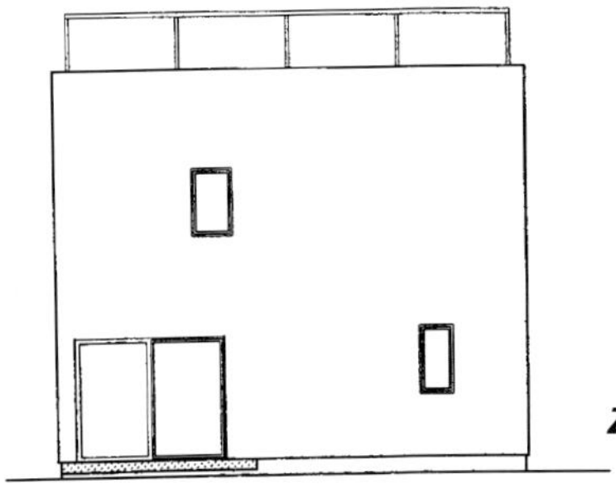

Zeichnung 16 *Südansicht Haus 2 mit Terrassentür*

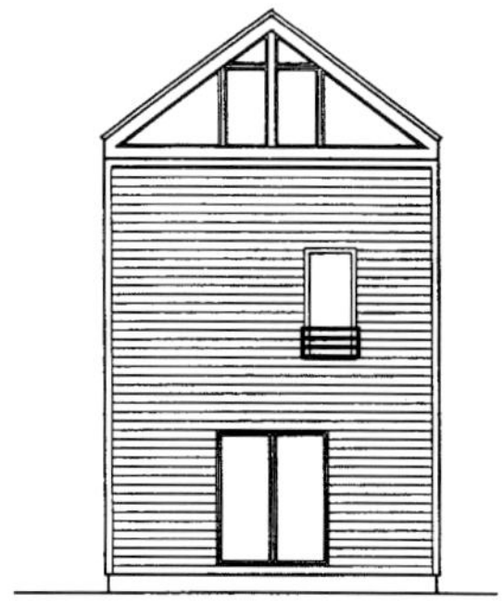

Zeichnung 17 *Ostansicht Haus 1 mit Schiebetür zum Garten*

Vergleicht man die Grundrisse der beiden Häuser, wird nicht nur die kompakte Bauweise bestätigt, sondern auch die optimale Raumaufteilung deutlich, die in beiden Häusern einen relativ großen Wohn- und Essbereich ermöglicht. Interessant sind in diesem Zusammenhang auch die beiden Dachgeschossrundrisse: Während unter dem Satteldach zwei sehr helle Studio-Räume möglich sind, betritt man im 2. Haus durch die aufklappbare Lichtkuppel die offene Dachterrasse.

18

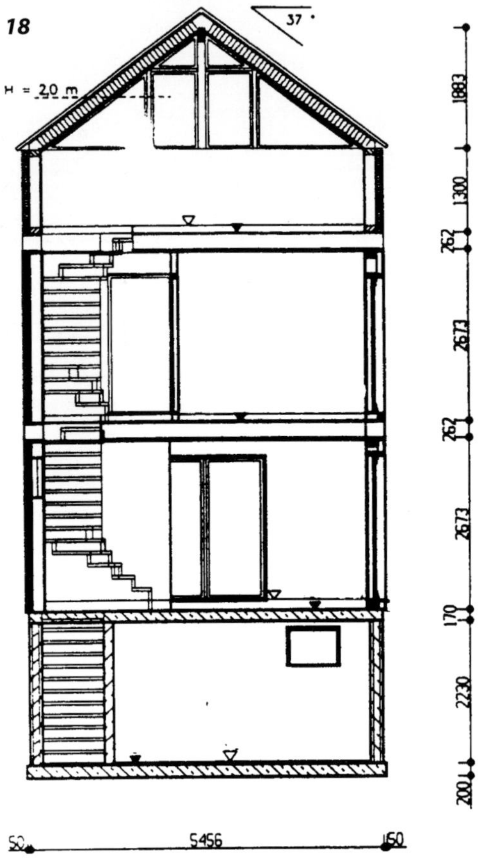

19

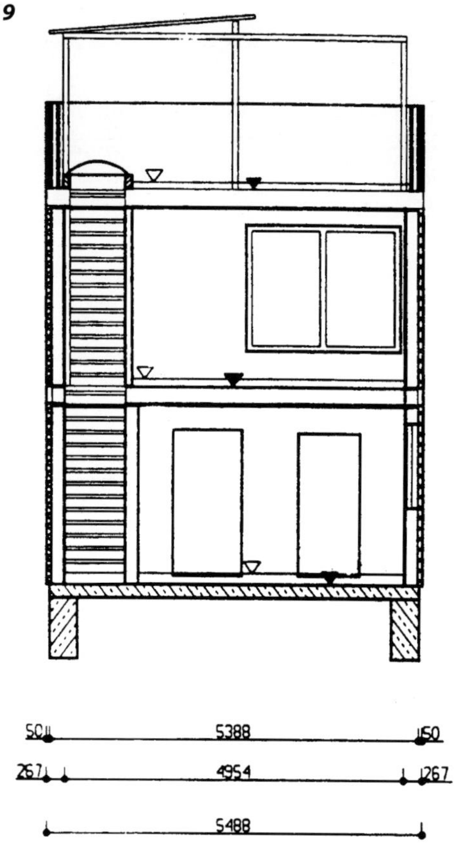

22

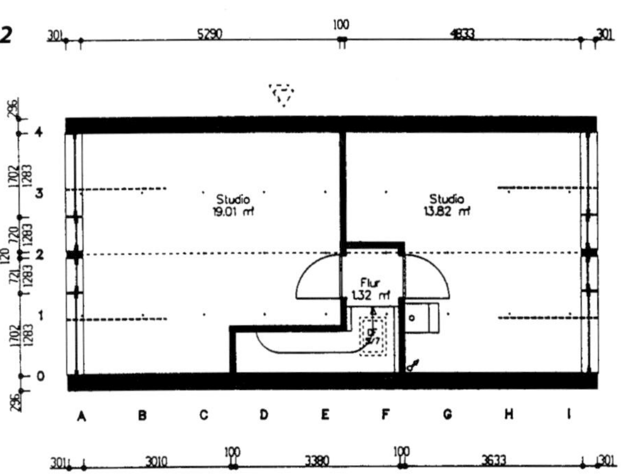

Dachgeschoss

25

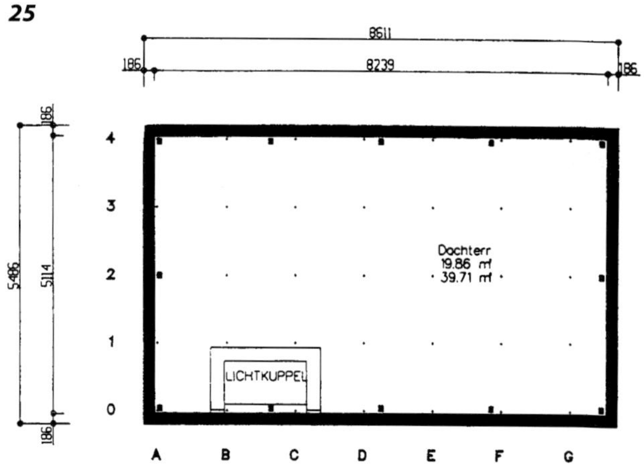

Dachgeschoss

Haus 1

21

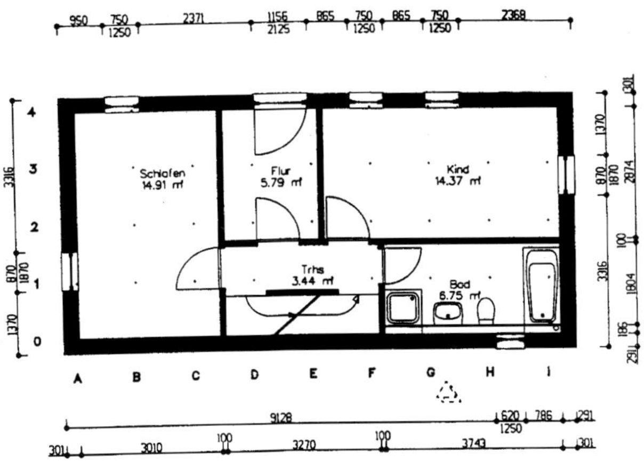

Obergeschoss

Haus 2

24

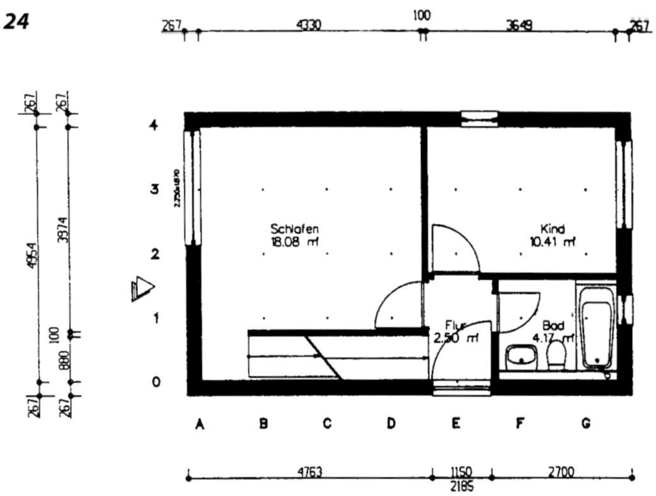

Obergeschoss

20

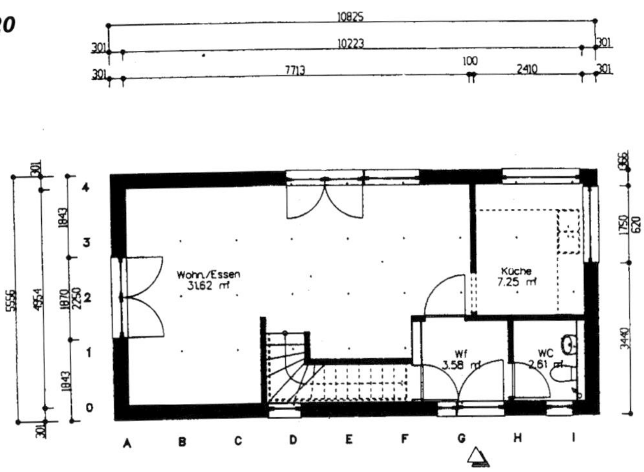

Erdgeschoss

23

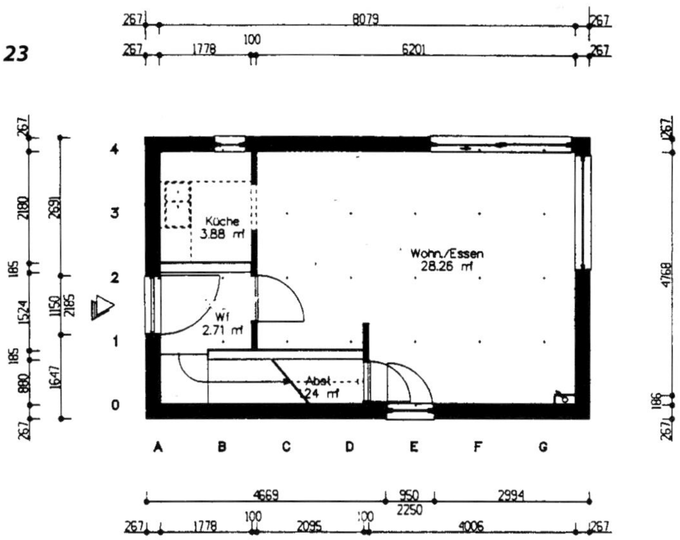

Erdgeschoss

Zeichnung 18 *Schnitt Generationenhaus 1*
Zeichnung 19 *Schnitt Generationenhaus 2*
Zeichnung 20-22 *Grundrisse Haus 1 Erdgeschoss, Obergeschoss und Dachgeschoss*
Zeichnung 23-25 *Grundrisse Haus 2 Erdgeschoss, Obergeschoss, Dachgeschoss/ Dachterrasse*

Baubeschreibung und Baumaterialien

An dieser Stelle soll nicht die Baubeschreibung des Fertighausunternehmens wiederholt, sondern jene konstruktiven Details verdeutlicht werden, die das Niedrigenergiehaus definieren und die äußeren Unterschiede beider Häuser verdeutlichen.

Aufbau der Außenwände

In den Leistungsbeschreibungen des Fertighausherstellers Bien-Zenker wird darauf hingewiesen, dass alle Außenwände eine tragende Kernwand haben, deren Materialaufbau immer gleich ist, unabhängig von der äußeren Gestaltung der Wände des jeweiligen Hauses. Zum Aufbau dieser Kernwand gehören folgende Materialien (von innen nach außen werkseitig montiert):

Kernwandaufbau		
1.	9,5 mm	Naturgipsbauplatte/Gipskarton-Platte (überwiegend bauseits montiert)
2.	12,5 mm	Gipsfaserplatte
3.		Dampfdiffusionsbremsfolie
4.	160,0 mm	Holzrahmenfachwerk (Schwelle, Ständer, Rähm), ausgefacht mit mineralischen Dämmstoffen
5.	15,0 mm	Gipsfaserplatte

Auf diese Kernwandkonstruktion lassen sich unterschiedliche Fassaden-Varianten aufbauen. So wurde beim Generationenhaus die Stülpschalung für Haus 1 und die Thermowand-Putzfassade für Haus 2 ausgewählt.
Im Fall der Stülpschalungs-Fassade wird die Kernwand mit folgenden Materialien nach außen ergänzt, um als förderungswürdiges Niedrigenergiehaus anerkannt zu werden:

Äußere Ergänzung Kernwand		
1.	60 mm	starke Holzunterkonstruktion (auf der Gipsfaserplatte aufliegend und mit dem Holzrahmen-Fachwerk verbunden), ausgefacht mit mineralischem Dämm-Material, und mit einer diffusionsoffenen Spannbahn (Windsperre) abgedeckt
2.	20 mm	starke, senkrechte Unterkonstruktion (Holzleisten)
3.	25 mm	sägerauhe, ozeanblaue waagerechte Stülpschalung

Für die Thermowand-Putzfassade an Haus 2 wird die Kernwand um eine 60 mm starke Dämmplatten-Lage aus Hartschaum ergänzt, die bauseits mit einem glasfasergewebearmierten Unterputz und einem atmungsaktiven (diffusionsoffenen) Endputz versehen wird.
Trotz unterschiedlicher Wandstärken (30,2 cm und 26,7 cm) erreichen beide Außenwandsysteme einen k-Wert von 0,19 $W/(m^2K)$.

Dachaufbau Satteldach (Haus 1)

Im Fertighausbau sind nicht nur die Innen- und Außenwände, sondern auch die Dachelemente werkseitig vorgefertigt. Bauseitig werden die Dachelemente auf der jeweiligen Fuß- und Firstpfette verankert. Der Aufbau dieser Dachelemente von innen nach außen:

Dachaufbau Satteldach (Haus 1)		
1.	12,5 mm	Naturgipsbauplatte (bauseitig montiert)
2.	20,0 mm	Holzunterkonstruktion
3.		Dampfbremsfolie
4.	180/80 mm	Sparren, mit 180 mm mineralischer Wärmedämmung ausgefacht
5.		Diffusionsoffene Unterspannbahn (Windsperre)
6.	24,0 mm	Konterlattung
7.	40,0 mm	Dachlattung
8.		Betondachziegel (grau, die bauseitig verlegt werden

Nach Herstellerangaben wird mit diesem Dachaufbau ein Wärmedämmwert von $k = 0,22\ W(m^2K)$ erreicht.

Dachaufbau Flachdach (Haus 2)

Die werkseitig hergestellten Flachdachelemente entsprechen im Wesentlichen den Elementen der Geschossdecken, aber mit erheblich stärkerer Wärmedämmung und einer zusätzlichen Dachabdichtung, die bauseits montiert wird.
Der Aufbau von unten nach oben:

Dachaufbau Flachdach (Haus 2)		
1.	12,5 mm	Naturgipsbauplatten
2.	20,0 mm	Holzunterkonstruktion
3.		Dampfbremsfolie
4.	240,0 mm	hohe Deckenbalken ausgefacht mit 240 mm starker mineralischer Wärmedämmung
5.	22,0 mm	Holzwerkstoffplatte

Um eine solide Dachdichtung und problemlose Entwässerung zu gewährleisten, ist die Flachdachfläche bauseitig mit einer zusätzlichen Dachhaut zu versehen. Um das Gefälle zu erhalten war es notwendig, Gefällekeile zu montieren, auf die wiederum Holzwerkstoffplatten „nut- und federdicht" verlegt und verschraubt wurden.
Ein Schutzvlies und eine handwerklich heißluftverschweißte, lichtbeständige Dachdichtungsbahn boten dann den endgültigen Witterungsschutz der Dachterrasse (siehe Seite 30).

Bau- und Montageablauf

Architektonische Details

Zu den auffälligsten Details, die beide Häuser voneinander unterscheiden, gehören nicht nur die Dachformen (Satteldach und Flachdach) und die Farben der Außenfassaden, sondern auch die teilüberdachte Pergola auf der Dachterrasse von Haus 2 und die optische Einfassung der blauen Fassade mit beigefarbenen senkrechten und waagerechten Lisenen. Auf beide Details wird in der Montagebeschreibung ausführlich eingegangen.

Heizanlage

Für beide Häuser ist lediglich eine Gaszentralheizungsanlage in Niedertemperaturtechnik (Brennwertgerät mit 200 l-Speicher) vorgesehen, die im Keller von Haus 1 zu installieren ist. Im Erdgeschoss erhalten beide Häuser eine vollflächige Fußbodenheizung; im Obergeschoss beschränkt sich dieses Heizsystem nur auf die Bäder. Alle anderen Räume werden über Radiatoren beheizt.

Rohbaumontage (Haus 2)

Bevor Zimmerleute die erste Schwelle für ein Holzhaus verlegen oder das erste vorgefertigte Wandelement maßgenau gesetzt wird, sollten folgende Arbeiten abgeschlossen sein:

1. Überprüfung und Freigabe der Kellerdecke und/oder Fundamentplatte auf ihre Maßhaltigkeit und Rechtwinkligkeit.
2. Abkleben von nichtunterkellerten Fundamentplatten mit Bitumenschweißbahnen.
3. Präzises und winkelgenaues Anschlagen der Setzlinien für die Schwellen oder Wandelemente mit der Schlagschnur.

1 *Verlegen der Bitumen-Schweißbahn auf der nicht unterkellerten Fundamentplatte (Haus 2); im Vordergrund der Versorgungsschacht*

2 *Maßgenaues Anschlagen der Setzlinien für die Außen- und Innenwand-Elemente*

Erst wenn diese vorbereitenden Arbeiten erledigt sind und alle Werkzeuge und Hilfsmittel griffbereit liegen, beginnen die Montagearbeiten.

Da das Fundament für Haus 2 von der Baustraße gesehen auf dem hinteren Teil des Nord-Süd-Grundstücks lag, war es sinnvoll, mit diesem Haus zu beginnen, um dem Kranführer und dem Montageteam die Arbeit zu erleichtern. Für die Montage der einzelnen Wandelemente stehen den Monteuren Grundriss-Zeichnungen von jedem Geschoss zur Verfügung, auf denen die Reihenfolge der zu montierenden Wände handschriftlich eingetragen ist; analog dieser Reihenfolge waren die Elemente auf dem Lkw transportiert.
Anhand dieser Zeichnung ist zu erkennen, dass mit der Südwand (1) zu beginnen war. Im Anschluss daran wurden die Ostwand (2), die Zwischenwände (3) und (4) und die westliche Außenwand (5) montiert.

Montage im Fertigbau heißt, dass Innen- und Außenwand-Elemente höhengleich gesetzt und miteinander verschraubt werden. Hierfür stehen verzinkte Holzschrauben mit einem Durchmesser von 12 mm zur Verfügung, wobei für die Außenwände 190 mm und für die Innenwände 165 mm lange Schrauben verwendet werden. Da auch im Fertigbau millimetergenaue Arbeit erwartet wird, ist es üblich, die Wandelemente vor dem Verschrauben standgenau mit einer Kralle zusammenzupressen.

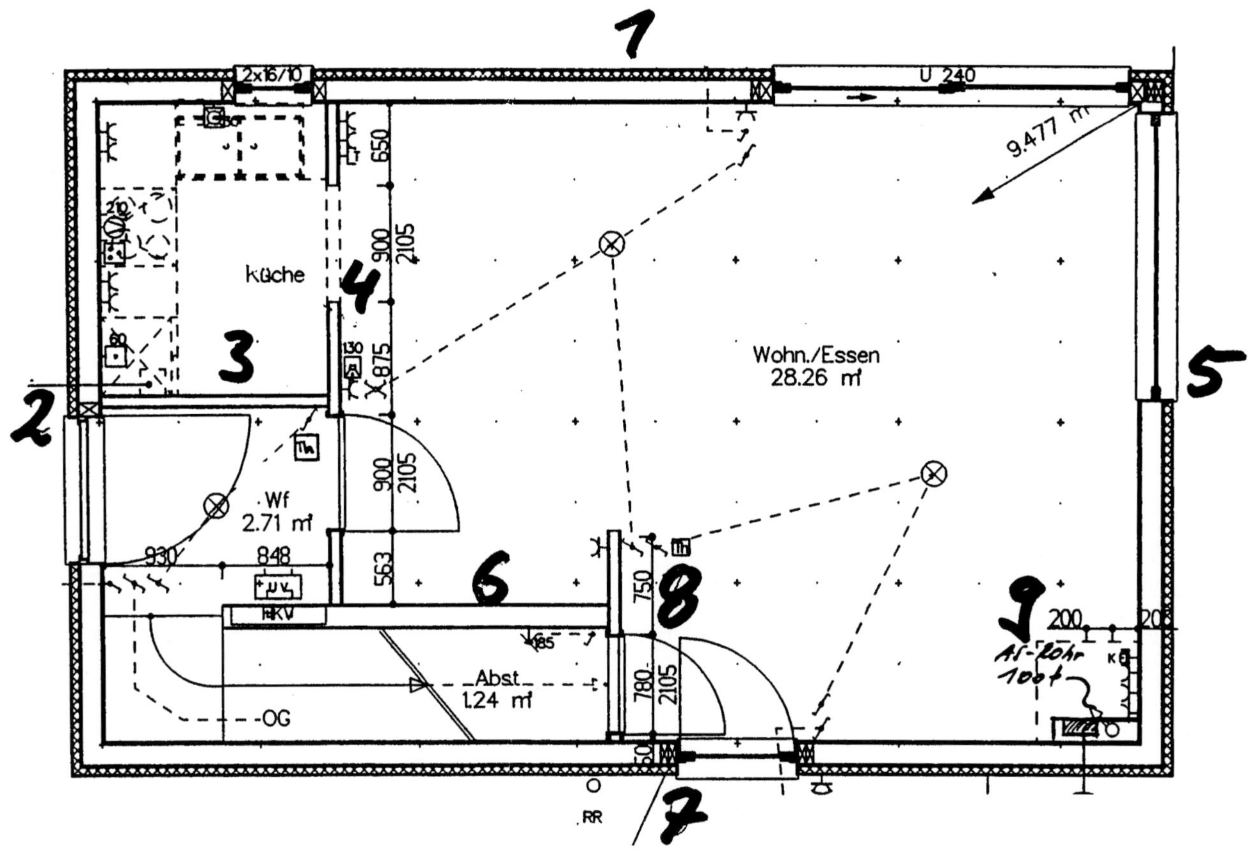

Zeichnung 26 *Grundriss-Zeichnung (Erdgeschoss, Haus 2) mit nummerischer Reihenfolge der Wandmontagen*

3 *Die 8 Meter lange Südwand (1) wird mit Kranhilfe auf die Fundamentplatte gesetzt*

4 *Die Südwand wird im ersten Arbeitsgang mit Metall-Spreizern senkrecht stabilisiert (in der Abbildung links)*

5 *Nachdem die östliche Außenwand (2) und die Zwischenwände (3 u. 4) gesetzt sind, wird die westliche Außenwand (5) montiert*

6 *Die statisch wichtige Innenwand Nr. 6 (Befestigungselement für die Treppe zum Obergeschoss) wird für die Montage vorbereitet*

7 *Verspannen der Innenwand (6) mit der Zwischenwand (4)*

8 *Das Erdgeschoss kurz vor der Deckenmontage (Westansicht)*

3

6

4

7

5

8

Aufgrund des kompakten Grundrisses dieses Hauses war es möglich, die Erdgeschoss-Decke in zwei Elementen vorzufertigen und bauseits zu montieren. Um die statisch notwendige Verbindung zwischen den Deckenelementen und den darunter stehenden Innen- und Außenwänden zu gewährleisten, waren die Verbindungspunkte auf den Elementen vorgebohrt, sodass zügig verschraubt werden konnte.
Bevor das zweite, ergänzende Deckenelement montiert werden konnte, war die vorgefertigte Treppe zwischen Erd- und Obergeschoss provisorisch, aber standgenau zu fixieren; ein Arbeitsgang, der ohne Kranhilfe nicht möglich ist.

In der Abbildung 11 sind auf der Unterseite des Deckenelements die Deckenbalken zu erkennen, deren Zwischenräume bereits mit mineralischer Wärmedämmung ausgefacht und mit der Unterkonstruktion für die Dampfbremsfolie und die Gipskartonplatten versehen ist.

11

9

10

Sobald die Erdgeschossdecke montiert ist, beginnt die Montage der Wandelemente für das Obergeschoss. Auch hier ist der Montageablauf in einer Grundrisszeichnung festgehalten.

Wie aus dieser Zeichnung ersichtlich, begann auch hier die Montage mit der Südwand (Nr. 10), die anschließend mit der Ost- und Westwand (11 und 12) verschraubt wurde. Obwohl die Außenwände für das Obergeschoss den gleichen Wandaufbau haben wie die Außenwände im Erdgeschoss, ist auf ein Wanddetail aufmerksam zu machen, das beide unterscheidet: In der Abbildung 12 ist der untere Teil einer auf dem Lkw stehenden Außenwand zu erkennen. In Bildmitte sieht man die Holzrahmenkonstruktion (Hirnholz der Schwelle und Langholz des Ständers) mit der nach unten verlängerten Thermowand (Gipsfaserplatte und Hartschaumdämmplatte).
Dieser Versatz ist wichtig, weil damit die Außenkanten der Deckenelemente abgedeckt werden (siehe Abbildung 9). Die verbleibende Fuge zwischen den Dämmplatten des Erd- oder Obergeschosses wird vor der Fassadenbeschichtung mit den gleichen Dämmmaterialien geschlossen.

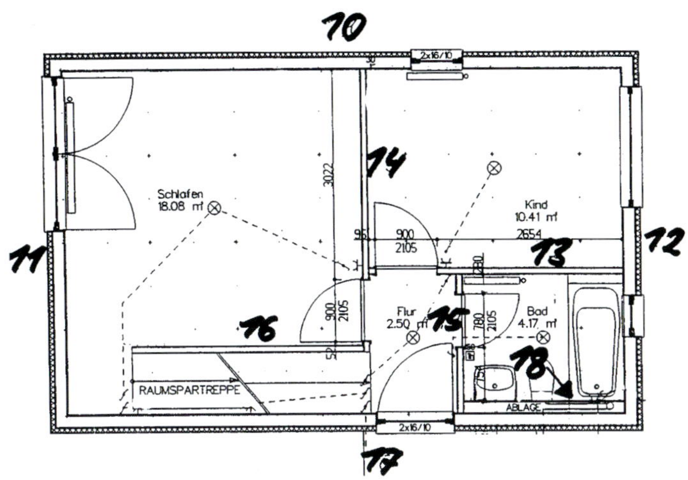

Zeichnung 27 *Grundriss Obergeschoss mit nummerischer Reihenfolge der Wandmontagen (Haus 2)*

9 *Verschrauben des ersten Deckenelements mit der Außenwand*
10 *Standgenaues Einpassen der Fertigtreppe*
11 *Zweites Deckenelement mit Treppenloch im Schwebezustand*
12 *Außenwandelement für das Obergeschoss mit nach unten verlängerter Thermowand*
13 *Das Obergeschoss mit den ersten montierten Außenwänden (Ost-, Süd- und Westwand)*

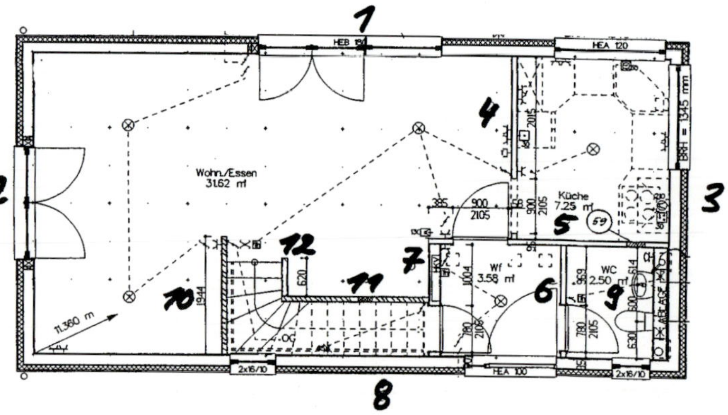

Zeichnung 28 *Grundriss Erdgeschoss Haus 1 mit numerischer Montagefolge*

Sobald alle Innen- und Außenwände montiert waren, verblieb noch ein Wandelement (Nr. 18), die so genannte „Installationsvorsatzwand" für das Bad im Obergeschoss mit montierten Anschlüssen und Abflussrohren für Handwaschbecken, WC-Schüssel und Badewanne. Wie eine derartige Installationswand von hinten aussieht, zeigt Abbildung 14.

Der Vorteil solcher Installationswände liegt auf der Hand: Werden sie an die vorher montierte, gut gedämmte Außenwand gesetzt, besteht im Winterhalbjahr keine Frostgefahr für die wasserführenden Leitungen.

Nachdem die Installationswand befestigt war, konnte mit der Montage der Obergeschossdecke (Terrasse) begonnen werden, die in einem späteren Arbeitsgang mit hüfthohen Brüstungselementen (Attika) versehen wurde. Die Abdichtungsarbeiten der Dachterrasse sind auf den Seiten 30 und 31 detailliert beschrieben.

Rohbaumontage (Haus 1)

In der Baubeschreibung wurde bereits auf die unterschiedlichen Außenwandtypen beider Häuser hingewiesen: Thermowände bei Haus 2 (siehe Abbildung 12) und Kernwand plus farbiger Stülpschalung (mit zusätzlicher Wärmedämmung) bei Haus 1. In Abbildung 16 wird der Unterschied zwischen beiden Fassaden deutlich: Statt einer Dämmplatte auf der Kernwand ist hier die 60 mm starke Unterkonstruktion zu erkennen, die mit Mineralwolle ausgefacht ist. In Abbildung 16 fällt auf, dass die Betondecke nicht mit einer feuchtigkeitssperrenden Bitumenschweißbahn abgedeckt wurde. Stattdessen ist die Unterseite der Schwelle mit einer Sperrfolie versehen, um Restfeuchte im Beton abzublocken.

Diese Art der Feuchtigkeitssperre ist üblich, wenn Innen- und Außenwände auf eine Kellerdecke gesetzt werden. Da sich die einzelnen Montageabläufe wiederholen, sollen hier nur die wichtigsten Bauabschnitte gezeigt werden, wobei der Grundriss des Erdgeschosses – mit nummerischer Reihenfolge der Wandmontagen – sicherlich hilfreich ist. Wie in den beiden Abbildungen 17 und 18 zu erkennen, sind die Ergeschosswände bereits mit der Stülpschalung und der darunter befestigten diffusionsoffenen Dichtungsbahn, der Windsperre, versehen. Sind alle Erdgeschosswände höhengleich miteinander und mit der Kellerdecke verankert, beginnt die Deckenmontage.

Bevor die Erdgeschossdecke komplettiert werden konnte, musste die viertelgewendelte Fertigtreppe mit Kranhilfe in das Treppenloch geführt und manuell derart verankert werden, dass Antritt- und Austrittstufe mit den jeweiligen OFFB (Oberkante-Fertig-Fußboden)-Zeichen übereinstimmten; eine Feinarbeit während der Rohmontage!

14 *Die Rückseite einer ungedämmten Installationswand (Beispiel)*
15 *Verlegen der Dachgeschoss-Deckenelemente. Darunter ist die Tür zur verbindenden Brücke zu erkennen. Im Vordergrund das Deckenelement mit der Lichtkuppel bzw. der Ausstiegsluke zur kunftigen Terrasse*
16 *Außenwandelement von Haus 1 fluchtgenau nach Schlaglinien gesetzt*
17 *Das Erdgeschoss, nachdem die ersten Außen- und Innenwände befestigt wurden. Hier Montage der Innenwand (Nr. 6)*
18 *Einpassen der nördlichen Außenwand mit Eingangstür (Nr. 8)*
19 *Erstes Deckenelement über Bad und Küche; rechts im Bild das Treppenloch*
20 *Die Fertigtreppe zum Obergeschoss „im Anflug"*

20

16

17

18

19

Die Haus-zu-Haus-Brücke

In den ersten Skizzen des Generationenhauses taucht bereits die verbindende Brücke zwischen beiden Häusern auf. Eine Millimeterarbeit auf dem Zeichenbrett, in der Herstellung und auf der Baustelle, wie die folgenden Abbildungen verdeutlichen.
Betrachtet man die tragenden Stahlträger dieser Brücke im Detail, verblüfft die schlichte aber statisch sichere Konstruktion, die aus der Zeichnung 29 und der Abbildung 25 ersichtlich ist.
In der Zeichnung ist zu erkennen, dass die brückenbreiten Stahlwinkel (L-Träger: Höhe 150 mm, Auflagefläche 75 mm, Stärke 10 mm) mit den jeweiligen Querbalken (60 x 240 mm) der Erdgeschossdecken verschraubt sind.
Die Anbringung des oberen Brückenteils war erst nach der Montage des Obergeschosses möglich, da hier mit der gleichen Verbindungstechnik gearbeitet wurde.

21 *Im ersten Arbeitsgang wird das untere Brückenteil auf den Winkelstahlträger von Haus 2 gesetzt*

22 *Anschließend wird das untere Brückenteil auf den Stahlträger von Haus 1 gesetzt*

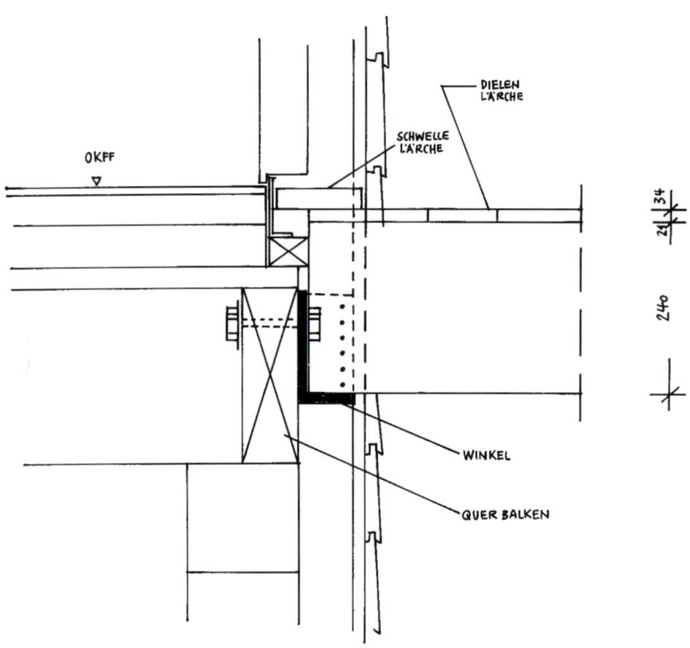

Zeichnung 29 *Anschlussdetail: Brücke/Außenwand (unten)*

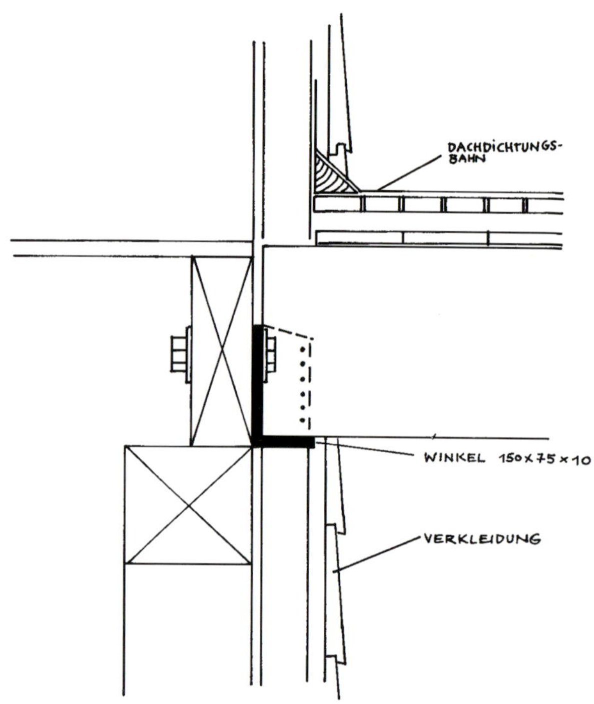

Zeichnung 30 *Anschlussdetail: Brücke (oben)*

23 *Wandmontage für das Obergeschoss*
24 *Einpassen des oberen Teils der Brücke, nachdem das Obergeschoss komplettiert war*
25 *Oberes Brückenteil auf dem L-Stahlträger (Haus 1) aufliegend*

Dachgeschossmontage

Der Aufbau des Dachgeschosses reduzierte sich auf die Montage der beiden Giebelelemente und Kniestöcke sowie der fünf Zwischenwände, bevor die Firstpfette aus brettschichtverleimten Holz *(Leimbinder)* verankert werden konnte: Wer die traditionelle Holzrahmenbauweise kennt und mit der Fertigbauweise vergleicht, wird feststellen, dass die Qualitätsstandards beider Bauweisen identisch sind. Der einzige Unterschied besteht darin, dass ein Großteil der bauseitigen Handwerksarbeit in Fertigungshallen stattfindet. Deshalb verwundert es nicht, dass auch Dachflächen so weit vorgefertigt werden, dass sie in kürzester Zeit vor Ort montierbar sind und anschließend mit Dachpfannen eingedeckt werden können.

26 *Das komplett vorgefertigte Giebelelement für die Ostseite des Dachgeschosses*
27 *Einpassen der Firstpfette, nachdem Giebel und Zwischenwände mit den Kniestöcken verschraubt waren*
28 *Montage des ersten Dachelements mit Dämmung, Unterspannbahn Lattung/Konterlattung*
29 *Eindeckung des Satteldaches mit grauen Betondachziegeln*
30 *Verkleidung der Westwand des vorderen Hauses mit eingefärbter Stülpschalung. In der Abbildung ist die diffusionsoffene Unterspannbahn und die Unterkonstruktion gut zu erkennen.*
31 *Die Befestigung des einzelnen Profilbrettes im Detail. Gut zu erkennen ist die Verbindung von Nut und halber Feder*
32 *Das senkrecht angeheftete Hilfsbrett (rechts) erleichtert den maßgenauen Zuschnitt der einzelnen Verkleidungsbretter*
33 *Das Querformat der Ecklisene (12 x 12 cm)*

Holzverkleidung, Lisenen und Regenrinne

Die ozeanblaue Stülpschalung, eingefasst von beigefarbenen, senkrecht montierten Ecklisenen und waagerechten Lisenen in Traufennähe, sind typische Gestaltungsmerkmale des vorderen Generationenhauses. Da die Erdgeschosswände bereits werkseitig mit der Stülpschalung versehen waren (siehe Abbildungen 17, 18, 19) mussten die verbleibenden Flächen bauseitig ergänzt werden. Die damit verbundene Präzisionsarbeit des Zuschnitts und der waagerechten Befestigung der einzelnen Bretter wurde erheblich erleichtert, da die Unterkonstruktion bereits montiert war. Im Gegensatz zur üblichen Stülpschalung, für die sägeraue Bretter ohne Nut und Feder verarbeitet werden und bei der jedes einzelne Brett waagerecht zu befestigen war, verarbeitet man heute Stülpschalungsbretter mit Nut und halber Feder, die die Befestigung erheblich erleichtern. Vor der Montage sollten aber die beiden Außenkanten der jeweils zu beplankenden Wandfläche mit einem senkrechten Brett markiert werden, um ein einheitliches Maß zu erhalten. Das senkrechte Hilfsbrett wird nach der Verkleidung der jeweiligen Außenwandflächen entfernt und durch eine Ecklisene (12 x 12 cm) aus verleimtem Brettschichtholz ersetzt. Diese haushohe Eckleiste ist so zugeschnitten, dass die Unterkonstruktionsleisten für die Profilschalung abgedeckt und die waagrechte Stülpschaltung bis auf wenige Millimeter an die Lisene heran befestigt werden kann.

31

33

32

35

34

37

36

Für die Befestigung der Ecklisenen sind die dafür notwendigen Schraublöcher derart vorzubohren, dass die Holzschrauben an den beiden äußeren Fälzen vorbei in das Konstruktionsholz geführt werden. Dadurch wird die Lisene an die senkrechten Unterkonstruktionsleisten wind- und wasserdicht gepresst.

Die waagerecht umlaufende Lisene unterhalb der beiden Traufen und Giebelfenster ergänzen die senkrechten Ecklisenen, sodass die derart eingefassten ozeanblauen Außenflächen des vorderen Generationenhauses mit gerahmten Bildern vergleichbar sind. Um für diese Gestaltungsidee eine langjährige Stabilität zu gewährleisten, wurden auch diese Lisenen aus brettschichtverleimtem Holz hergestellt. Da die Lisene die Stülpschalung oben abschließt, genügte ein einfacher Falz an der Unterkante, um sie auf das letzte Schalungsbrett setzen und befestigen zu können. Wie in der Abbildung 39 (rechts) zu erkennen, musste die umlaufende Lisene anschließend mit einem Trapezblech (in der Abbildung noch mit einer Schutzfolie versehen) abgedeckt werden, um Nässenester hinter der Lisene zu verhindern. Bevor die Regenrinne montiert werden konnte, war ein weiteres Schutzblech zu befestigen, um die Dachkante zwischen erster Dachziegelreihe und Lisene gegen Feuchtigkeit zu schützen.

Um die Montage der Regenrinne zu erleichtern, ist es üblich, zwischen dem ersten und letzten Halter zwei Schnüre zu spannen, nach denen die Halter mit leichtem Gefälle ausgerichtet werden können.
Sobald die Regenrinne bauseitig auf die notwendige Länge zusammengelötet wurde, wird sie in die Halterungen gelegt und mit den beiden Federn verklammert.

34 *Zuschnitt des unteren Endes der Ecklisene (Abtropfkante) mit der Stichsäge*
35 *Montagebeginn der haushohen Ecklisene*
36 *Maßgenaues Ansetzen der Lisene*
37 *Befestigen der senkrechten Lisene*
38 *Lisenenmontage im Giebel-Traufenbereich*
39 *Anpassen der Traufen-Lisene. In Bildmitte ist der einfache Falz zu erkennen; rechts die bereits verschraubte giebelseitige Lisene*
40 *Befestigen der Traufenlisene, die vorher auf das letzte Stülpschalungsbrett gesetzt wurde*
41 *Traufenblech oberhalb der abgedeckten Lisene mit montierten Rinnenhaltern und gespannten Schnüren*
42 *Verklammern der Regenrinne mit der vorderen und hinteren Feder*
43 *Die fertige Traufenkonstruktion des vorderen Generationenhauses*

Dachabdichtung (Haus 2)

Wie bereits erwähnt, war für Haus 2 eine Dachterrasse geplant. Konstruktiv wurde hierfür die Decke des Obergeschosses (siehe Abbildung 15) um eine hüfthohe Attika ergänzt. Die so entstandene Dachterrasse musste derart abgedichtet werden, dass Regenwasser über eine Gefällekonstruktion zu den beiden seitlichen Abläufen geführt wird. Hierfür mussten Dachlatten schräg zugesägt, lose ausgelegt und mit Holzwerkstoffen beplankt werden, sodass das Regenwasser von der Dachflächenmitte zur Außenwand fließen kann.

44 *Die Dachterrasse (mit Einstiegsluke und Pergola) vor der Gefällekonstruktion*

Dachdichtungsbahnen für Flachdächer, die später mit Kies oder Mutterboden abgedeckt werden, sollten vor dem Auslegen immer durch ein Schutzvlies geschützt werden, um Beschädigungen zu vermeiden. In Abbildung 46 ist das Schutzvlies unter der Dachdichtungsbahn gut zu erkennen. Sobald Schutzvlies und Dichtungsbahn ausgelegt sind, muss die UV-beständige Dichtungsbahn wasserdicht verschweißt werden. Hierfür eignen sich zwei Methoden, die auch in Eigenleistung ausgeführt werden können: Das Verkleben mit einem Quellschweißmittel oder das Heißluftverschweißen mit einem speziellen Heißluftfön.

Während die überlappenden Bahnen in der Fläche normalerweise mit dem Quellschweißmittel wasserdicht verbunden werden, sollten Eckausbildungen und Durchbrüche immer heißluftverschweißt werden.

Die Abbildungen 47–50 machen deutlich, mit welcher Aufmerksamkeit die Dachbahnen zu verbinden sind, um eine dauerhafte Wasserdichtigkeit zu gewährleisten. Dazu gehört auch, alle sichtbaren Kanten wie Nähte und Stöße der verschweißten Bahnen abschließend mit einer Flüssigfolie (Nahtsicherungsmittel) zu versehen, die mit einem Pinsel oder mit einer PE-Spritzflasche auftragbar ist.

Bevor mit den Vorbereitungen für eine Dachbegrünung oder Kieseindeckung begonnen wird, ist die Dachdichtung

45 *Gefällekonstruktion mit lose verlegten Gefällekeilen und darauf befestigten Holzwerkstoffplatten*

46 *Lose ausgelegtes Schutzvlies unter der Dachdichtungsbahn*

47 *Verschweißen der Dichtungsbahnen mit dem Heißluftfön*

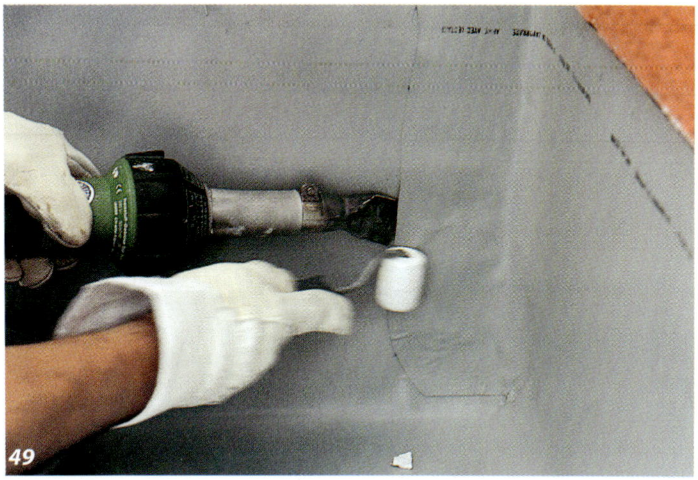

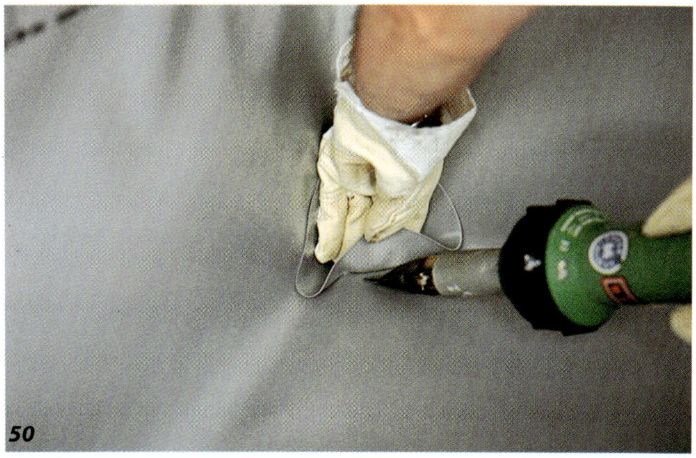

wiederum mit einem Schutzvlies abzudecken, um Beschädigungen zu verhindern.
Abschließend ist zu ergänzen, dass das Dach der Brücke des Generationenhauses ebenfalls mit dieser Dichtungsbahn abgedichtet wurde, wobei ein kunststoffbeschichtetes Abkantblech sehr hilfreich war.

48 *Zuschnitt der Eckabdichtung. Wichtig: Die Dichtungsbahn mindestens 30 cm hochziehen und mit einer Deckleiste abschließen*
49 *Heißluftverschweißen der überlappenden Eckabdichtung und Anpressen mit dem Andruckroller*
50 *Zusätzliche Abdichtung mit Hilfe eines kegelförmigen Eckschutzes*
51 *Heißluftverschweißen der unteren Dichtungsbahn mit dem Abkantblech auf der Brücke*

Niedrigenergiehaus und Luftdichtheitsprüfung

52

54

Seit Anfang der neunziger Jahre werden nicht nur Holzhäuser, sondern auch Fertighäuser als Niedrigenergiehäuser angeboten, obwohl die Wärmedämmstandards nicht eindeutig definiert sind. In dem Buch „Niedrigenergiehäuser aus Holz" hat der Autor versucht, sich diesen Standards zu nähern. Danach sollte für Außenwände ein Wärmedämmwert von k = 0,20 und für das Dach ein k-Wert zwischen 0,20 und 0,15 nachweisbar sein. Für die Fensterflächen wird ein k-Wert unter k = 1,50 erwartet; Wärmeschutzisolierverglasungen, wie in den Wunschhäusern realisiert, erreichen einen k-Wert von 1,1 W/(m^2K).

Nach diesen inoffiziellen Wärmedämmstandards ist auch das Mehrgenerationenhaus als Niedrigenergiehaus einzustufen, da die einzelnen k-Werte unter den Vorgaben der Wärmeschutzverordnung von 1995 liegen.

Weil aber Papier geduldig ist – und das gilt auch für Bau- und Leistungsbeschreibungen – sollte jeder Käufer eines Fertighauses darauf bestehen, dass ihm vor Vertragsabschluss das Ergebnis einer Luftdichtheitsprüfung (Luftdichtheit der Gebäudehülle) zur Verfügung gestellt wird.

Diese Luftdichtheitsprüfung sollte in der Ausbauphase durchgeführt werden, wenn der Innenausbau noch nicht abgeschlossen ist. Es sollte also die Dämmung verlegt, außen mit einer diffusionsoffenen Unterspannbahn und innen mit einer Dampfsperre luftdicht abgedeckt sein.

Da die Luftdichtheit zum Stand der Technik gehört, sollte jeder Fertighaushersteller diese Prüfung anbieten, um damit einen Qualitätsstandard zu signalisieren, der Kaufentscheidungen positiv beeinflusst. Anzumerken bleibt, dass auch Ausbauhäuser dieser Luftdichtheitsprüfung unterzogen werden sollten.

52 *Gedämmte und mit einer Dampfsperre versehene Dachfläche vor dem Innenausbau*
53 *Luftdichtheitsprüfung am Mehrgenerationenhaus nach dem BlowerDoor-Messverfahren*
54 *Der östliche Dachgeschossraum des vorderen Generationenhauses*

Das Winkelhaus

Prof. Inken Baller, Berlin

Der kreative Prozess

Skizzen und Zeichnungen

Es ist immer wieder spannend zu erfahren, wie die Idee eines Hauses entsteht. Waren es beim Mehrgenerationenhaus Kindheitserlebnisse und Kinderträume, so stehen beim Winkelhaus von Inken Baller konkrete Alltagswünsche im Vordergrund: die Küche als zentraler Raum, die visuelle und praktische Verbindung zwischen Wohnung und Garten und die windgeschützten Terrassen im Außenbereich.

Interessant ist auch, wie bereits in den ersten Skizzen eine Dachterrasse im Obergeschoss auftaucht, die mit verschiedenen Dachformen kombinierbar scheint:
Während in Skizze 8 die Küche im Mittelpunkt des Erdgeschosses steht, wandert sie in Abbildung 9 optisch Richtung Garten. In Skizze 10 befindet sie sich wieder im Mittelpunkt, wobei ein Pfeil zur linken Außenwand zeigt – mit einem Fragezeichen versehen. Dort wird sie später installiert, mit eigenem Zugang zum Garten! Aber das wird nicht die einzige Verbindung zum Garten sein, wie die Skizzen 11 und 12 andeuten: Hier werden bereits die drei windgeschützten Erker im Garten definiert, die später mit jeweils eigener Terrassentür auf Holzterrassen realisiert wurden.
Die Annäherung von Dachform und Grundriss wird in den Skizzen 13–15 deutlich, wobei zunächst noch Grundrissüberlegungen dominieren: In Skizze 13 wird die Winkelachse besonders betont und Grün ins Haus gewünscht,

1

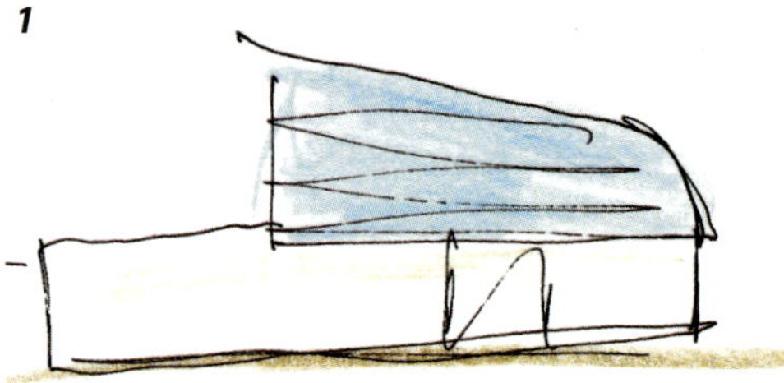

2

3

4

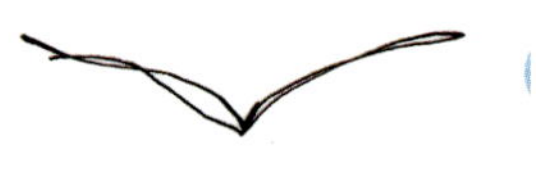

5

6

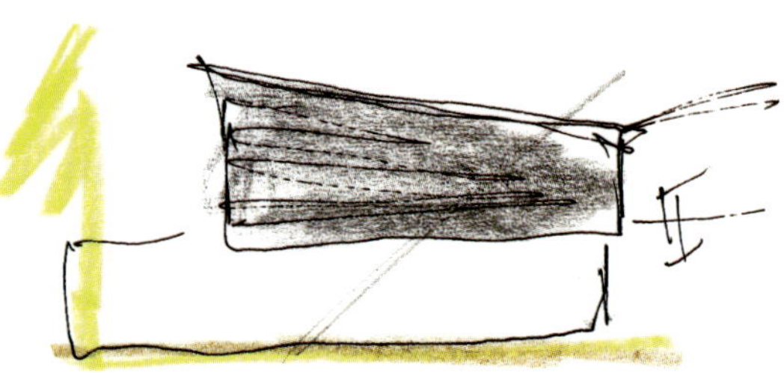

7

8

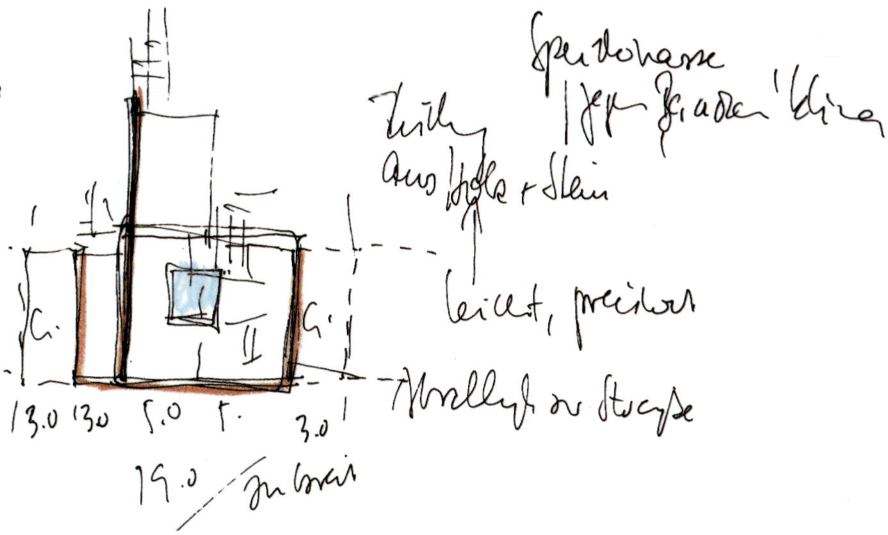

9

10

11

12

Zeichnung 1–7 *Annäherung Dachform, Dachterrasse am Einzel- und Reihenhaus (1 Abgerundetes Pultdach, 2 Halbbogendach, 3 Halbbogendächer/Reihenhaus, 4 „Die Möwe", 5 Satteldach, 6 Satteldächer Reihenhaus, 7 Satteldach mit gegengeneigten Traufen)*

Zeichnung 8–12 *Variationen über die Küche als zentraler Raum*

13

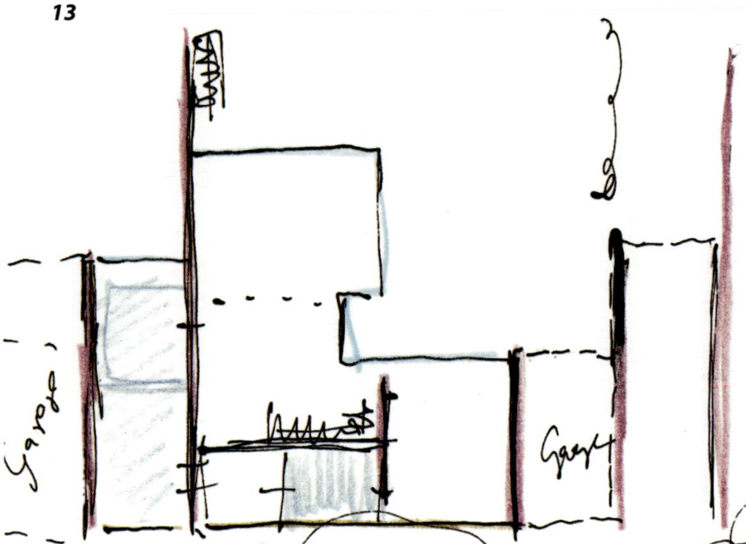

14

15

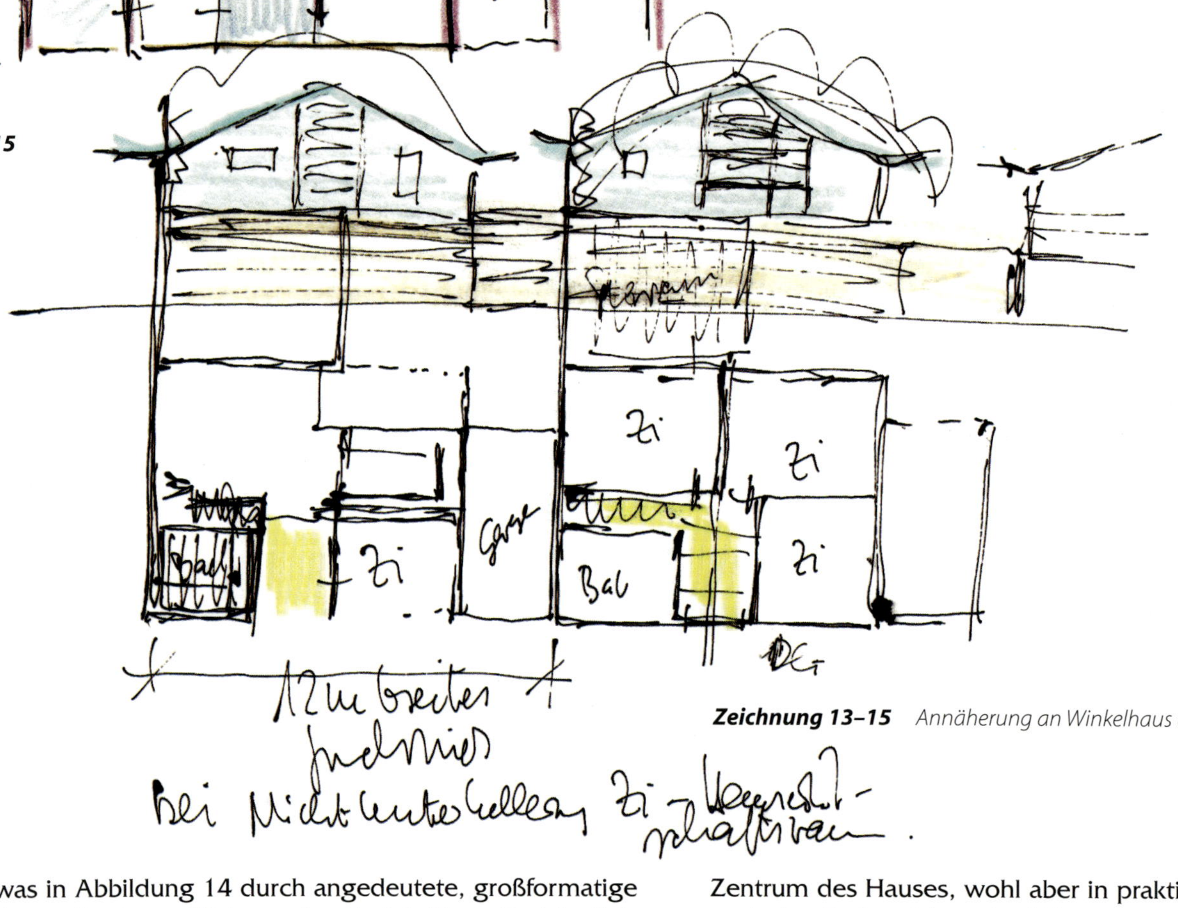

Zeichnung 13–15 *Annäherung an Winkelhaus und Dachform*

was in Abbildung 14 durch angedeutete, großformatige Fensterfronten gelöst zu sein scheint. Dies gilt sicherlich auch für die Küche, die nunmehr an der linken Außenwand anliegt. In Skizze 15 wird bereits die Dachform mit den gegengeneigten Traufenflächen so vorweggenommen wie sie später realisiert wurde. Eine Annäherung an die endgültige Grundrissform des Erdgeschosses wird in Skizze 16 versucht, wobei die erwähnten Alltagswünsche in modifizierter Form auftauchen: Die Küche steht nicht mehr im Zentrum des Hauses, wohl aber in praktischer Nähe zum zentralen Essbereich und erhält später einen eigenen Zugang zum Garten. Die großzügigen Fenster- und Türenelemente im Wohn- und Essbereich garantieren den freien Blick und praktischen Zugang zum Garten. Interessant ist auch die angedeutete Treppe zur Terrasse oberhalb des Wohnzimmers. Bis auf wenige Änderungen – beispielsweise wird das Schlafzimmer zur Garage – wurde dieses skizzierte Konzept für die weitere Planung übernommen.

Zeichnung 16 *Die Annäherung an den endgültigen Grundriss*

Ansichten, Schnitte, Grundrisse

Bei flüchtiger Betrachtung der Ansichtszeichnungen fällt zunächst auf, dass die Architektur dieses Einfamilienhauses bewusst nach Süden und Südwesten ausgerichtet ist, um durch großzügige Fensterfronten ein Maximum an Sonnenlicht einzufangen, ohne auf die Vorteile eines Niedrigenergiehauses zu verzichten. Vielleicht ist auch aus diesem Grund die Ostseite fensterlos geblieben, obwohl hier ein schmales Fenster im Obergeschoss, formatgleich mit den beiden Westfenstern im OG, zum Einlassen der Morgensonne zu empfehlen wäre.

17

18

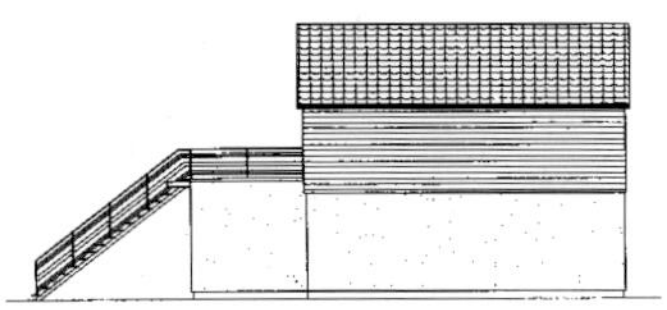

19

20

Zeichnung 17 *Südansicht*
Zeichnung 18 *Ostansicht*
Zeichnung 19 *Nordansicht*
Zeichnung 20 *Westansicht*
Zeichnung 21 *Schnitt Winkelhaus*

21

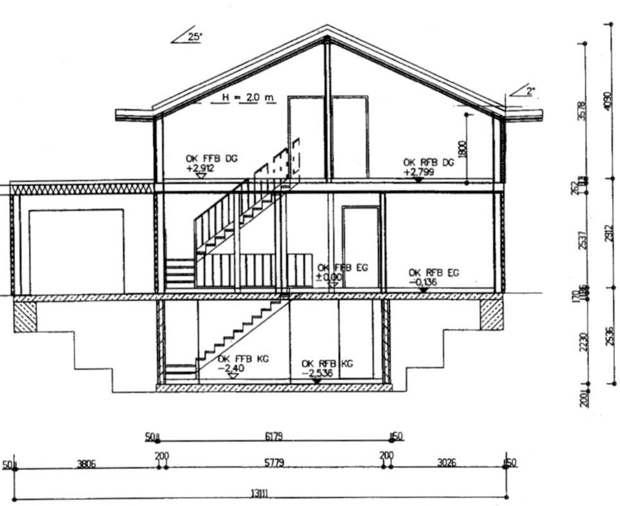

Die Ansichtszeichnungen zeigen aber auch, dass die großzügige Südterrasse im Obergeschoss nicht nur zum Sonnenbaden einlädt, sondern durch die Außentreppe auch über einen direkten Zugang zum Garten verfügt. Diese Verbindung von Küche und Wohnräumen zum Garten wird auch in den Grundrissen deutlich.
Zudem sei noch erwähnt, dass die Garage (Ansicht Nord) ursprünglich als Schlafzimmer geplant war und lediglich für dieses Musterhaus verändert wurde. Für das Flachdach ist zwar eine Bekiesung vorgesehen, es könnte aber auch für eine Dachbegrünung genutzt werden.
In der Schnittzeichnung fällt auf, dass das Haus nur teilunterkellert ist, die Garage und der östliche Teil also auf Streifenfundamenten und Bodenplatten aufliegen (siehe auch Grundriss Keller).
Die Schnittzeichnung verdeutlicht aber nicht nur Fundamentdetails, sondern auch ein Dachdetail, das besonderer Beachtung bedarf: Die beiden Satteldachflächen mit einer Neigung von jeweils 25° gehen in Höhe des Kniestocks in eine Traufenfläche über, die nicht nach unten, sondern in einem Winkel von 2° nach oben gegengeneigt ist. Mit diesen gegenläufigen Traufen wurde ein unverwechselbares Gestaltungselement gewagt – kleinen Flügeln ähnlich vermitteln sie diesem Einfamilienhaus eine beschwingte Leichtigkeit, die durch die spätere Farbgestaltung noch verstärkt wird.
Diese fast waagerechten Flächen werden allerdings im Herbst mit Laub und im Winter mit Schnee und Eis bedeckt sein! Und da die Dachentwässerung im Schnittpunkt beider Dachwinkel, also oberhalb des Drempels an der Außenwand ausgeführt wurde, bleibt abzuwarten, ob diese optisch interessante Traufengestaltung besonderer Beachtung hinsichtlich Pflege und Reinigung bedarf.
Wie aus dem Kellergrundriss ersichtlich, ist das Winkelhaus nur im Kernbereich unterkellert, womit allerdings eine Nutzfläche von ca. 50 m² bereitgestellt wird.
Die Garage im Westen und die Küche mit daneben liegendem Büro bzw. Hauswirtschaftsraum an der östlichen Seite stehen auf Streifenfundamenten, die mit einer betonierten Bodenplatte verbunden sind. Die Dimension und Solidität des Streifenfundamentes wird aus der Abbildung auf Seite 42 deutlich.
Ob unterkellert oder nicht, wichtig bleibt, wie die zur Verfügung stehende Grundfläche im Erdgeschoss von der Familie genutzt werden kann. So ist bereits in der Grundrisszeichnung der zentrale Raum für die Familie zu erkennen, der offenbar ein Maximum an Tageslicht einzufangen vermag, wenn man die großzügige Fensterfront im Süden und Westen bedenkt.

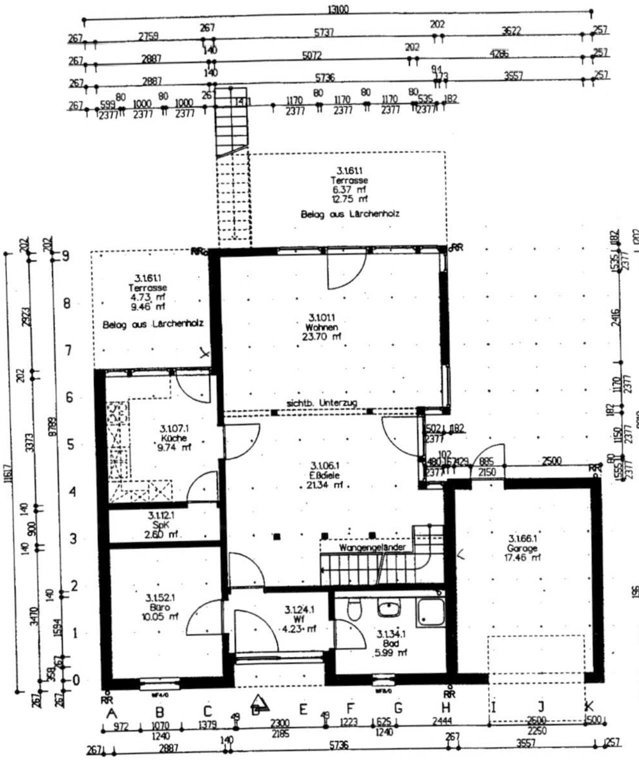

23 *Grundriss Erdgeschoss*

8

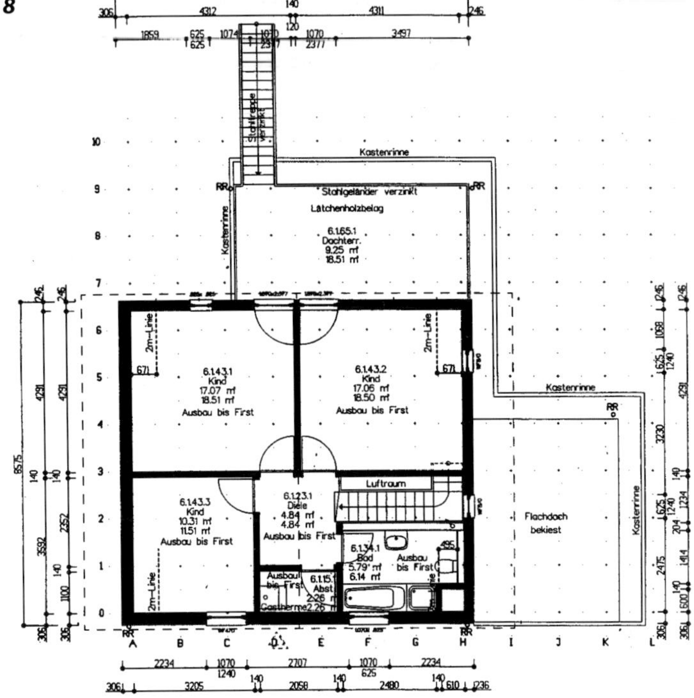

24 *Grundriss Obergeschoss*

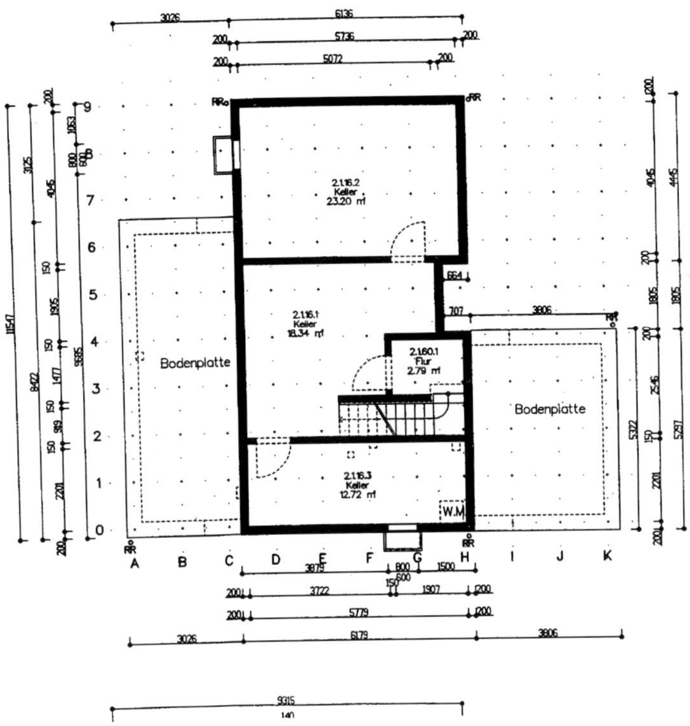

Zeichnung 22 *Grundriss Keller*

Viel Tageslicht fällt auch in die großzügige Küche, die nicht nur deshalb zum Kochen einlädt, sondern auch, weil eine sehr praktische Grundfläche von 10 m^2 die Arbeit erleichtert. Und – wo gibt es das noch: ein direkter Zugang zum Garten, ergänzt durch eine Speisekammer, die auf sympathische Weise an die Vorratshaltung früherer Jahre erinnert. Der Grundriss des Erdgeschosses verdeutlicht, wie sehr die Architektin bemüht war, den zentralen Lebensbereich mit dem Garten zu verbinden: Neben der Küchentür, die über eine südöstlich angelegte Terrasse zum Garten führt, hat der Wohnbereich einen südlichen und der Essbereich einen westlichen Zugang zur Außenanlage. Durch den winkelförmigen Grundriss wird es wohl immer eine windgeschützte Terrasse geben.
Im Obergeschoss sind die beiden Kinderzimmer zur Sonnenseite orientiert, wobei jedes Zimmer einen Zugang zur Dachterrasse hat, die über eine Außentreppe mit dem Garten verbunden ist.
Erwähnenswert ist auch das Flachdach über der Garage, das sich hervorragend für eine extensive Dachbegrünung eignet, in unserem Beispiel aber nur mit Kies abgedeckt wurde.

1 *Schütten des östlichen Streifenfundaments für das Winkelhaus*

Baubeschreibung und Baumaterialien

Außenwände

Die tragenden Außenwände im Erdgeschoss und im Dachgeschoss (Giebelwände und Kniestöcke) haben einen gemeinsamen Kernwandaufbau, der nur in der Fassadengestaltung variiert:

Kernwandaufbau		
1.	9,5 mm	Naturgipsbauplatte (bauseitige Montage/Innenausbau)
2.	12,5 mm	Gipsfaserplatte
3.		Dampfdiffusionsbremsfolie
4.	160,0 mm	Holzrahmenkonstruktion, ausgefacht mit mineralischen Dämmstoffen
5.	15,0 mm	Gipsfaserplatte

Auf diese Kernwandkonstruktion sind nun unterschiedliche Fassadengestaltungen möglich: Für die Erdgeschosswände war vorgesehen, diese werkseitig mit einer 60 mm starken Wärmedämmplattenschicht zu versehen, die bauseitig mit einem glasfasergewebe-armierten Unterputz und einem atmungsaktiven, diffusionsoffenen Endputz verstärkt werden musste (siehe Seite 60, 61).
Da für die Giebel und die Kniestöcke eine türkisfarbene Profilholzfassade geplant war, wurde statt der Dämmplattenschicht in der Vormontage eine Holzunterkonstruktion montiert, mit 60 mm starker mineralischer Wärmedämmung ausgefacht und mit atmungsaktiver Spannbahn (Windsperre) abgedeckt. Als Unterkonstruktion für die Stülpschalung wurden 30 mm starke Leisten gewählt, um eine optimale Hinterlüftung für die Holzfassade zu erhalten. Der k-Wert beider Außenwand-Konstruktionen liegt nach Werksangaben zwischen 0,19 und 0,20 W/m^{2}K).

Geschossdecke, Flachdach und Dachterrasse

Die Decke über dem Erdgeschoss, die oberhalb des südlichen Wohnbereiches als begehbare Dachterrasse und über der Garage für eine extensive Dachbegrünung vorgesehen ist, hat ebenfalls einen einheitlichen Aufbau, der nur in den Außenbereichen variiert. Von unten nach oben ist die Decke wie folgt aufgebaut:

Deckenaufbau		
1.	12,5 mm	Naturgipsbauplatte (bauseite zu montieren)
2.		Dampfdiffusionsbremsfolie
3.	20,0 mm	Holzunterkonstruktion für Gipsbauplatten
4.	240,0 mm	hohe Deckenbalken ausgefacht mit 60 mm mineralischer Dämmung im Wohnbereich bzw. Volldämmung (240 mm) im Außenbereich für Flachdach und Dachterrasse
5.	22,0 mm	Holzwerkstoffplatte

Im Montageablauf (siehe Seite 44) wird deutlich, dass diese fast 30 cm starke Decke nicht nur oberhalb des Wohnbereiches, sondern auch über der Garage montiert wird. Für die Dachterrasse und Garage war aber ein zusätzliches Gefälle zu montieren und mit lichtbeständigen Dachdichtungsbahnen abzudichten.

Dachkonstruktion

Das im 25°-Winkel geneigte Satteldach wird in Form einzelner Dachelemente mit der Firstpfette und oberhalb des Kniestocks mit der Fußpfette verankert. Zwischen den Sparren ist eine Wärmedämmung von 180 mm fugendicht verlegt, die nach außen mit einer winddichten Unterspannbahn abgedeckt ist. Konterlattung (40/40 mm) und Dachlattung (24/48 mm) sind ebenfalls vormontiert, um die Dacheindeckung auf ein zeitliches Minimum zu reduzieren. Der Dachaufbau von innen nach außen:

Dachaufbau		
1.	12,5 mm	Gipsbauplatte (bauseitig zu montieren)
2.	20,0 mm	Holzunterkonstruktion Dampfbremsfolie
3.	180,0 mm	Wärmedämmung zwischen den Sparren (Abstand 60 cm)
4.		Diffusionsoffene Unterspannbahn
5.	40/40 mm	Konterlattung
6.	24/48 mm	Dachlattung
7.		Dacheindeckung mit Betondachsteinen

Bau- und Montageablauf

Rohbaumontage Erdgeschoss

Bevor das erste Wandelement maßgenau montiert wird, sollte die Maßhaltigkeit und Rechtwinkligkeit der Fundamentplatte/Kellerdecke durch den Bauleiter oder Kolonnenführer überprüft und freigegeben sein; nicht unterkellerte Fundamentplatten sind mit Bitumenschweißbahnen abgeklebt und die Setzlinien für die einzelnen Wandelemente sind mit der Schlagschnur geschlagen. Sind die wichtigsten Setzlinien für die Außen- und Innenwände sichtbar geschlagen, wird mit der Montage der einzelnen Wandelemente begonnen, wobei eine Grundrisszeichnung des Erdgeschosses im Maßstab 1:50 sehr hilfreich ist. Diese Zeichnung enthält nicht nur Informationen für die wichtigsten Gewerke, sondern auch die handschriftlich eingetragene Reihenfolge der zu montierenden Wandelemente.

Aus diesem Grundriss ist zu erkennen, dass mit der östlichen Außenwand (1) zu beginnen war, die in den darauffolgenden Arbeitsgängen mit der südlichen Fensterfront der Küche (2) und den beiden Zwischenwänden der Speisekammer (3 und 4) stabilisiert werden sollte. Erst danach konnte mit der Montage der Außenwände für den Wohnbereich (5, 6, 7, 8, 9) begonnen werden. Der Montagefolge entsprechend waren die einzelnen Elemente auf dem Lkw gelagert und transportiert, um einen zügigen Arbeitsablauf auf der Baustelle zu gewährleisten. In Abbildungen 4 - 6 ist die erste Bau- bzw. Montagephase zu erkennen:

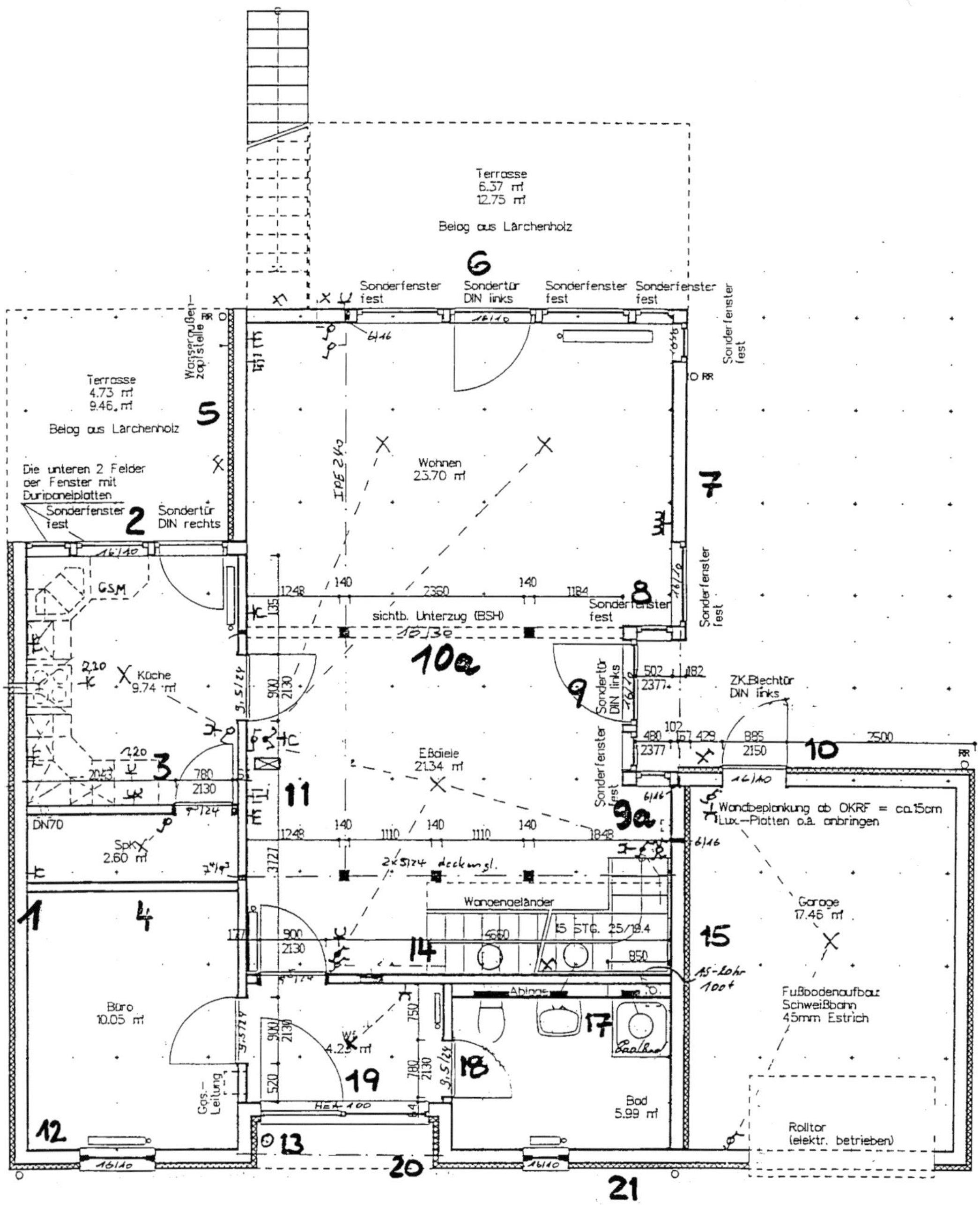

Zeichnung 25

Grundrisszeichnung Erdgeschoss mit nummerischer Reihenfolge der Wandmontagen

2 *Maßgenaues Festlegen der Setzlinien für die einzelnen Wandelemente*
3 *Anschlagen der Setzlinie mit der Schlagschnur*
4 *Mit Kranhilfe gesetzte Ostwand. Rechts der Lkw mit den Wandelementen*
5 *Außenwandelement auf höhenausgleichenden Distanzplättchen; stirnseitig ist die Gipsfaser- und Dämmplatte zu erkennen*
6 *Außenwandelement mit äußerer Dämmplatte (60 mm), Gipsfaserplatte (15 mm) und Ständer-Schwellen-Konstruktion (160 mm) auf Bitumenschweißbahn*

7

Bevor die fast 6 m breite Fensterfront (6) im südlichen Wohnbereich montiert werden konnte, waren die bisher gesetzten Wände lotrecht und höhengleich miteinander und mit der Fundamentplatte/Kellerdecke zu verankern und das verbindende Außenwandelement (5) zu montieren.

7 *Nachdem die Ostwand (1) mit Montage-Spreizern lotrecht gehalten wird, die südliche Küchenfensterfront (2) bereits angekoppelt wurde (siehe Abbildung 8), wird die Speisekammer montiert.*
Hier: Höhengleiches Verschrauben der Innenwand (3) mit der Außenwand. In luftiger Höhe die Innenwand (4)

8 *Die erste Bauphase im Überblick: Links die durchgehende Ostwand (1), rechts die südliche Küchenfensterfront (2) mit Tür zum Garten*

9 *Verschrauben des fünften Wandelements (unten, mitte, oben) mit der Küchenfensterfront (2)*

10 *Die südliche Fensterfront im „Schwebezustand"*

11 *Die südliche Fensterfront auf der Kellerdecke aufliegend, mit Spritzwasserschutzfolie für die Fensterschwelle und die Kellerwand, vor der später eine Holzterrasse verlegt wird*

12 *Montagevorbereitung des siebten Außenwandelements an der Westseite des künftigen Wohnbereiches*

8

Bereits nach diesem Bauabschnitt wird klar, dass die Erdgeschosswohnung nach dem Einfall des Sonnenlichts geplant wurde. In Abbildung 13, auf der die Südseite des Winkelhauses in dieser Bauphase zu sehen ist, wird dies sehr deutlich: Die Küche und der Wohnbereich erhalten ein südliches Fensterelement: ergänzend dann die westlichen Fensterelemente ebenfalls mit Zugang zum Garten.

10

11

12

9

13

14

In diesem Stadium der Wandmontage war eine zusätzliche Stabilisierung der Außenwände im Wohnbereich notwendig, die durch die Montage des sichtbaren Balkens (Unterzug, Montage Nr. 10a, S. 49 Abbildung 17) erreicht wurde. Allerdings musste vorher die Innenwand (11) mit den Türöffnungen zur Küche und zum Büro beziehungsweise Hauswirtschaftsraum lotrecht gestellt und verankert werden. Der Unterzug, ein Leimholzbinder in Brettschichtbauweise, wurde bereits werkseitig mit zwei Ständern versehen, um die spätere Last der Erdgeschossdecke und der oberen Zwischenwand (24) und einen Teil der Dachlast aufnehmen zu können.

Stellvertretend für die noch verbleibenden Innen- und Außenwände des Erdgeschosses sei abschließend auf die Montage der Eingangstür (19) hingewiesen.

15

16

13 *Der südliche Teil des Erdgeschosses, nachdem die ersten sieben Wandelemente ausgerichtet und verankert wurden*
14 *Die gleiche Bauphase aus nordwestlicher Sicht mit den ergänzenden Fensterelementen 8 und 9 im Westen des Hauses. Im Vordergrund die mit Bitumenschweißbahn abgedeckte Fläche für die Garage*
15 *Verschrauben des letzten Fensterelements (9a) mit der Garagenrückwand (10). Im Vordergrund das Treppenloch zum Keller*
16 *Die Garagenrückwand wird mit dem Spreizer auf lotrechten Stand justiert*
17 *Montage des später sichtbaren Leimholzbinders zwischen künftigem Wohn- und Essbereich*
18 *Montagevorbereitung des Eingangselements mit kompletter Haustür*

17

18

Montage der Erdgeschossdecke

Nachdem die Innen- und Außenwände und die Deckenbalken im Erdgeschoss montiert waren, begann die Montage der fast 30 cm starken Geschossdeckenelemente. Für diese Deckenelemente ist ebenfalls eine Montagefolge vorgesehen, die in einem Deckenplan enthalten ist. Bevor kurz auf diesen Arbeitsablauf eingegangen wird, soll noch auf ein Detail hingewiesen werden, dass für die Fertigbauweise typisch ist: In Abbildung 19 ist die Eckverbindung zweier Außenwände zu erkennen, wobei das sichtbare Holz (Rähm) die Auflagefläche für die Geschossdecke ist.

Spanner zusammengespannt und mit Winkelankern und Rillennägeln miteinander verbunden.
Betrachtet man Abbildung 20 genauer, fällt auf, dass die sichtbare Balkenlage der bereits verlegten Decke (Bildmitte rechts) und die Balkenlage des noch zu montierenden Deckenelements um 90° versetzt sind. Diese versetzte Balkenlage innerhalb der Geschossdecke ist aus statischen Gründen notwendig, um ein horizontales Verschieben der kompletten Geschossdecke auszuschließen. Damit wird deutlich, wie wichtig die mechanische Verbindung der einzelnen Deckenelemente ist.

19 *Eckausbildung zweier Außenwände vor der Deckenmontage: In Bildmitte der obere Teil des Holzrahmens (Rähm), daran montiert die Gipsfaserplatte mit äußerer Wärmedämmschicht. Rechts ist der Armierungsputz zu erkennen*

20 *Geschossdecken-Montage: Rechts die bereits verlegten Elemente oberhalb von Küche, Speisekammer und Hauswirtschaftsraum; links davon das erste Deckenelement für den Eingangsbereich*

Im ersten Arbeitsgang wurde der östliche Teil des Erdgeschosses, also Küche, Speisekammer und Büro/Hauswirtschaftsraum, eingedeckt, wobei die einzelnen Deckenelemente fluchtgenau zu verlegen und mit den Rähmen zu verschrauben waren. Anschlusselemente wurden mit dem

Bevor die Innen- und Außenwände des Obergeschosses montiert werden konnten, waren die Setzlinien für die einzelnen Elemente auf der Geschossdecke mit der Schlagschnur zu markieren.

21 *Mechanische Balkenverbindung mit Winkelankern und Rillennägeln*
22 *Mit 32 cm langen Holzschrauben werden die Deckenelemente mit den Innen- und Außenwänden verankert*
23 *Der noch sichtbare westliche Teil des Erdgeschosses kurz vor der Eindeckung*
24 *Die fertig montierte Erdgeschossdecke aus südlicher Blickrichtung*

21

22

23

24

Obergeschossmontage

Vor dem Setzen des ersten Dachgeschosselements ist es im Fertigbau üblich, die vorgefertigte Treppe zwischen Erd- und Obergeschoss zu montieren. In diesem Beispiel wurde eine Stahltreppe mit Kranhilfe durch das Treppenloch gehievt und montiert. Im Anschluss daran konnte das erste Außenwandelement, die südliche Giebelwand, auf die Erdgeschossdecke gesetzt und verankert werden. Hier wurde der Montageablauf dadurch erleichtert, dass auf der inneren Seite der Setzlinie Winkel geschraubt waren, gegen die die Wand gesetzt und sofort verschraubt werden konnte; erst danach begann die lotrechte Ausrichtung mit Spreizstreben und Wasserwaage. Sobald die Giebelwand ausgerichtet ist, wird mit der Montage der anschließenden Wandelemente begonnen. Dies geschieht in der Reihenfolge des Montageplanes: Kniestockwandelement, Trennwand und Zwischenwand. Die ungewöhnliche Traufen-

25

26

28

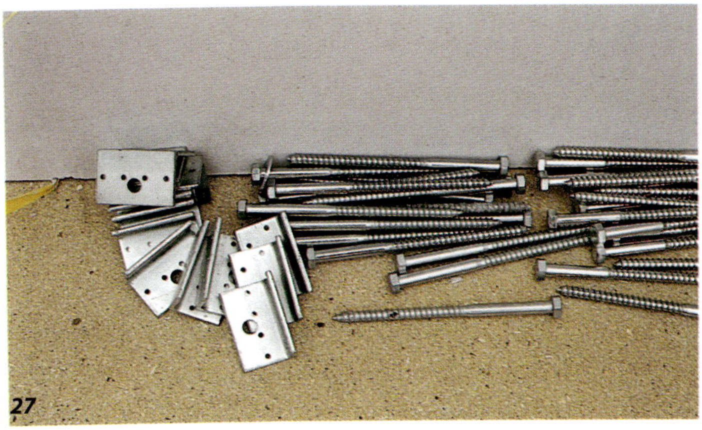

27

29

25 *Die südliche Giebelwand des Winkelhauses im Schwebezustand*
26 *Die südliche Giebelwand auf die Geschossdecke gesetzt*
27 *Winkel und Holzschrauben zur Befestigung der Wandelemente*
28 *Verschrauben der Giebelwand mit der Erdgeschossdecke*
29 *Lotrechtes Ausrichten der Trennwand zwischen den beiden Südzimmern*

30

konstruktion dieses Daches ist in den Abbildungen 26, 31 und 32 deutlich zu erkennen: Im Kapitel „Dachmontage und Traufengestaltung" wird die markante Gegenneigungskonstruktion des Dachüberstandes detailliert beschrieben. Vor der Dachmontage war das Obergeschoss zu komplettieren, dann konnte die Nord- und Südgiebelwand montiert und ergänzt werden. Es waren aber nicht nur die beiden Giebel, sondern auch alle Innenwände mit Wandaufsätzen zu ergänzen, da alle Räume im Obergeschoss bis in den Firstbereich ausgebaut werden sollten, eine Zwischendecke also entfiel. Gleichzeitig wurden damit statisch wichtige Auflagepunkte für die Firstpfette erreicht.

30 *Die beide Kniestockwände verbindende Zwischenwand vor der endgültigen Montage*
31 *Der südwestliche Teil des Obergeschosses mit dem auskragenden Traufenbalken. Interessant auch der Überstand der Geschossdecke*
32 *Sparren mit angeschraubten Traufenbalken und sichtbarem Wandaufbau (hier: Kniestockwand)*
33 *Das ergänzende Firstelement für den südlichen Giebel oberhalb der künftigen Terrasse*
34 *Die giebelverbindende, brettschichtholzverleimte Firstpfette in ganzer Länge*
35 *Südliche Giebelwand mit Aussparung für die noch schwebende Firstpfette und erhöhte Trennwand als Auflage für den Firstbalken*

31

32

33

34

35

Dachmontage und Traufengestaltung

Im Zimmermannshandwerk ist es üblich, die Dachsparren erst dann zu verlegen, wenn die Fußpfette auf der Außenwand, eventuell eine Mittelpfette im mittleren Dachbereich und die Firstpfette verankert sind. Dieses Konstruktionsprinzip gilt selbstverständlich auch für die Fertigbauweise mit dem Unterschied, dass Dachsparren, Dämmung, Lattung und Konterlattung – einschließlich der Windsperre – als Dachelemente werkseitig vorgefertigt sind.
In Abbildung 32 wurde bereits auf die Sparren-Traufenkonstruktion hingewiesen. In der folgenden Zeichnung und in Abbildung 36 wird diese ungewöhnliche Konstruktion noch deutlicher:In diesen beiden Abbildungen wird deutlich, dass die gegenwinklige Verlängerung des Sparrens aus zwei „Zangen" besteht, die zweifach mit dem Sparren verschraubt sind. Hierfür sind Bulldogverbinder besonders geeignet.
Zeichnung und Abbildung weisen aber auch auf den Dach- und Wandaufbau hin, der einleitend erläutert wurde. Gemäß der Zeichnung hat die Außenwand von innen nach außen folgenden Aufbau:

Außenwandaufbau
1. Gipskarton (auf Gipsfaserplatte)
2. Holzständer-Konstruktion (mit Dämmung)
3. Gipfsfaşerplatte
4. Dämmung
5. Unterkonstruktion
6. Profilschalung

Sobald alle Dachelemente verlegt und mit der Fuß- und Firstpfette verankert sind, wird das Dach mit Dachpfannen eingedeckt. Da in diesem Fall die Traufe oberhalb mit Zinkblech abzudecken war, musste vorher die Unterseite (Unterschlag) mit Profilholzbrettern und die Stirnseite der Traufe mit einem Blendbrett verkleidet werden. Dabei ist das Blendbrett oben bündig und unten mit einem Überstand von 10–15 mm zu montieren, damit Regenwasser abtropfen und nicht am Unterschlag entlang zur Außenwand fließen kann. Aus diesem Grund ist zu empfehlen, das Blendbrett unten zusätzlich nach außen hin leicht anzuschmiegen. Wie aus der Zeichnung 26 („Sparren-Traufen-Konstruktion") ersichtlich, war die Traufe, oben mit einer 22 mm starken Holzwerkstoffplatte versehen, mit einer Zinkblechabdeckung einzudecken.
Ohne hier auf die zum Teil sehr komplizierten Zuschnitte der vorgeformten Zinkbleche einzugehen sei daran erinnert, dass aufgrund der Gegenneigung Dach/Traufe keine übliche Regenrinne vorgesehen war. Regen- oder winterliches Schmelzwasser kann also nur auf dem Zinkblech unterhalb der untersten Dachpfannenreihe abgeleitet werden, weshalb das obere Anschlussteil des Ablaufrohres mit einem Versatz von 100 mm hergestellt werden musste, um das Fallrohr an der Außenwand entlangführen zu können. Nachdem die Traufenfläche mit Titanzinkblechen abgedeckt war, wurde die Unterspannbahn mit der Blechaufkantung wind- und wasserdicht verbunden und mit einem Kammprofil versehen, auf dem die Dachpfanne aufliegt. Dies verhindert den Nestbau heimischer Vögel.

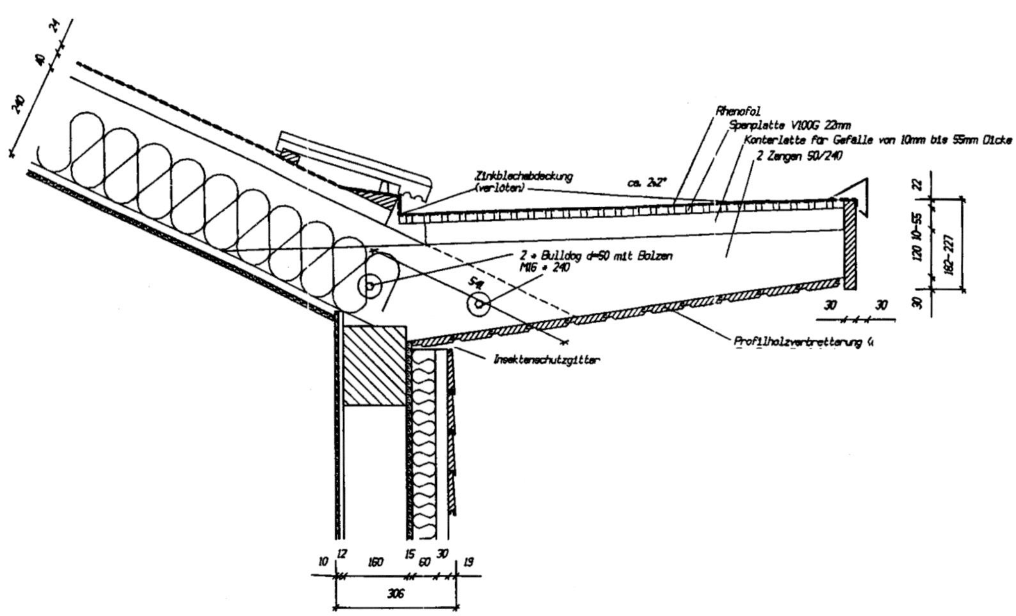

Zeichnung 26 *Sparren-Traufen-Konstruktion des Winkelhauses*

36 *Auf der Außenwand (Fußpfette Kniestock) aufliegendes Dachelement mit angeschraubtem Traufenbalken*
37 *Montagevorbereitung für das letzte vorgefertigte Dachelement. Im Vordergrund die provisorisch abgedeckte Dachterrasse*
38 *Befestigen der Profilbretter unter der Traufe. Oberhalb des Elektrotackers ist die Zangenkonstruktion der Traufenbalken zu erkennen*
39 *Mit Profilbrettern fertiggestellter Unterschlag*
40 *Dachtraufe des Winkelhauses mit Unterschlag, Blende und Zinkabdeckung*

Terrassen- und Garagendachabdichtung

Wie bereits in dem Kapitel „Montage der Erdgeschossdecke" erwähnt, verblieb im Süden eine Fläche für die Terrasse und im Westen, oberhalb der Garage, eine Fläche für eine Dachbegrünung oder Bekiesung. Beide Flächen mussten nachträglich für das norddeutsche Klima wetterfest abgedichtet werden. Um diese Wetterfestigkeit zu erreichen, wurde folgender Aufbau oberhalb der Erdgeschossdecke gewählt:

Terassen- und Garagendachabdichtung
1. Schutzvlies
2. Dachdichtungsbahn
3. Schutzvlies
4. Dachdichtungsbahn

Während das Schutzvlies nur flächig ausgelegt wurde, musste die erste Dichtungsbahn an der Hauswand 10 bis 15 cm hochgezogen und mechanisch befestigt werden; die zweite Dachdichtungsbahn wurde dann mit der ersten heißluftverschweißt und die Naht mit flüssiger Folie zusätzlich gegen eindringende Feuchtigkeit gesichert. Die hochgezogene Dachdichtung wurde später durch die horizontale Profilschalung überdeckt.

41 *Ausrollen des zweiten. Schutzvlieses auf die erste Dachdichtungsbahn*
42 *Verschweißen der beiden Dachdichtungsbahnen mit dem Heißluftgerät*
43 *Montage der Kastenrinne vor der Zinkblecheindeckung des Randstreifens*

Die Dachfläche der Garage wurde mit dem gleichen doppellagigen System abgedichtet, wobei die Dichtungsbahn über die umlaufenden Balken zu ziehen war, die später mit Zinkblechen abgedeckt wurden.
Da auch die Randbereiche – von der künftigen Terrasse bis zum Garagendach – ebenfalls mit Zinkblechen abgedeckt werden sollten, musste die umlaufende Kasten-Regenrinne vorher montiert werden.

Unterfugen und Verputzen der Außenwände

Unabhängig davon, ob ein Haus in der traditionellen Holzbauweise errichtet oder in Fertigbauweise aufgestellt wird, ist bauseits zu gewährleisten, dass die Schwellenbalken, auf denen die Außen- und Innenwände aufliegen und die damit tonnenschwere Last des kompletten Hauses abzufangen haben, nicht nur waagerecht mit der Betonsohle oder Kellerdecke verankert sind. Vielmehr müssen sie mit Materialien unterfüttert werden, die diese waagerechte Stabilität über Jahre gewährleisten und so „Setzungen“ des Hauses vermeiden. In der Regel werden Schwellen ausgelegt, mit Unterlegplättchen auf eine einheitliche Höhe nivelliert und mit der Bodenplatte oder Kellerdecke verankert. Darauf kann dann die Außenwand konstruktiv begonnen oder in Form fertiger Elemente aufgestellt und befestigt werden.
Nun gibt es Fertighaushersteller, die auf eine zusätzlich verankerte Schwelle verzichten, da die einzelnen Wandelemente bereits mit diesem unteren Querholz ausgestattet sind. Statt mit einer zusätzlichen Schwelle sind diese Fertigteile unterhalb der Druckpunkte (Ständer) mit Abstandsklötzen von 2 cm versehen (siehe Abbildung 5), die, falls notwendig, mit schmalen Plättchen unterlegt werden, um den waagerechten Stand zu erreichen.

Unabhängig davon, wie die waagerechte Montage erreicht wird, entsteht zwischen Wandelement bzw. Schwelle und Bodenplatte eine Fuge, die von innen und außen abzudichten ist.
In unserem Beispiel wurde dieser Zwischenraum mit einem „Quellmörtel“, der aus Maurermörtel und Quellmittel besteht, von innen und außen verfüllt, wobei der Mörtel mit kräftigem Druck in die offene Fuge hineinzudrücken war. Dieses „Unterfugen der Außenwände“ wird normalerweise nach der Erdgeschossmontage, spätestens aber nach der Dachmontage ausgeführt, bevor die Außenwände mit ihrem endgültigen Strukturplatz oder mit einer Holzfassade versehen werden.

44 *Unterfugen der Außenwände mit „Quellmörtel“. Hier: Anwurf des Mörtels*
45 *Glattziehen des Mörtels mit der Putzkelle*

Mit dieser Methode wird die Fuge winddicht und wasserabweisend abgedichtet und der Maurermörtel verhindert Setzbewegungen zwischen Fundamentplatte und Außenwandschwelle.

Aufgrund vorgefertigter Wand-, Decken- und Dachelemente verbleiben nach der Montage abzudichtende Stöße sowie ungedämmte Außenflächen der montierten Geschossdecken. Zwischen den Erdgeschoss- und Obergeschosswänden verbleibt also ein ungedämmter Streifen, der vor dem Verputzen zu schließen ist.
Diese Dämmlücken werden auf der Baustelle mit exakt zugeschnittenen Dämmplatten geschlossen, wobei entsprechende Kleber und Dämmplattendübel verwendet werden. Sobald alle Lücken geschlossen sind, werden alle Stöße und eingefügten Dämmplatten mit einem Armierungsgewebe versehen und flächig überputzt. Dieser mineralische Reibeputz wird anschließend auf die gesamte Außenwandfläche aufgetragen und nach kurzer Trockenzeit mit einem Rillen- bzw. Strukturputz endgültig abgedeckt.

Wie auf der Abbildung 49 zu erkennen ist, sind nun alle Montagearbeiten so weit abgeschlossen, dass mit dem Innenausbau begonnen werden kann.
Zu erwähnen bleibt, dass die Dachterrasse mit umlaufendem Geländer und einer Treppe zum Garten ausgestattet wurde. Für die Treppe war ein kleines Fundament zu schütten, auf dem der Treppenfuß mit Metalldübeln verankert wurde.
Um die Dachdichtungsbahn auf der Terrasse gegen mechanische Beschädigungen zu schützen und um einen rutschfreien Gehbelag zu erhalten, wurde über die gesamte Fläche ein Lärchenholzrost lose verlegt.

46 *Oberhalb der Garageneinfahrt wird die Dachkante gedämmt und mit Armierung und Reibeputz versehen*
47 *Den Strukturputz mit kreisenden Bewegungen auftragen*
48 *Den Putz in waagerecht ziehenden Bewegungen strukturieren*
49 *Das Winkelhaus nach Abschluss der Putzarbeiten*

47

48

49

Hinweise für Eigenleistungen

Da die Gewerke Elektro, Sanitär und Heizung in dieser Baudokumentation nicht beschrieben werden, verbleiben die klassischen Innenausbauarbeiten, wie Innenwände ergänzen, Spachteln, Schleifen, Tapezieren usw., die an späterer Stelle dokumentiert werden. Dennoch sei hier der Hinweis erlaubt, dass die Wunschhäuser – also auch das Winkelhaus – auch als Ausbauhäuser angeboten werden, bei denen die Innenausbauarbeiten in eigener Regie übernommen werden können. Unter diesem Gesichtspunkt ist beispielsweise interessant, dass die Dachelemente dieses Hauses ohne Wärmedämmung montiert wurden. Das heißt, dass Arbeiten wie Dämmung der Gefache, Verlegen der Dampfbremse, Unterkonstruktion für Gipskartonplatten, Montage der Gipsbauplatten, Spachteln usw. in Eigenleistung übernommen werden könnten. Wie diese Arbeiten professionell ausgeführt werden, wird unter anderem am Beispiel des Kernhauses beschrieben. In der Abbildung ist links im Bild auch zu erkennen, dass die Kniestockwand innen zusätzlich mit Gipskartonbauplatten versehen wurde. Dieser Hinweis ist für Ausbauwillige deshalb interessant, weil fast alle Innenwandflächen bauseits mit Gipskartonplatten ergänzt wurden. Da das Thema Innenausbau dem Kapitel Kernhaus vorbehalten ist, sei hier kurz auf zwei Bodenbelagsarbeiten im Erdgeschoss hingewiesen, die aufeinander abzustimmen waren und professionell ausgeführt wurden: die Fliesenarbeiten in Flur, Bad und Küche und die anschließenden Parkettverlegearbeiten im Wohn- und Essbereich.

Fliesenarbeiten

Obwohl dieses Thema später detaillierter dokumentiert wird, ist hier auf eine farbliche Besonderheit hinzuweisen, die die Handschrift der Architektin erkennen lässt: In Küche, Bad und Flur des Erdgeschosses wurden Bodenfliesen in den Hausfarben Türkis und Weiß verlegt und mit hellgrauer Fugenmasse verfugt.
Zu ergänzen ist noch, dass der Estrich in der Küche nach der Austrocknungszeit erhöht wurde, um eine einheitliche Fußbodenhöhe mit dem anschließenden Wohn- und Essbereich zu erreichen. Dieser Bereich sollte mit einem Eichenparkett versehen werden, der aber doppelte Fliesenstärke hat.

50 *Dachgeschosszimmer-Decke mit Dämmung, Dampfbremse und Unterkonstruktion für Gipskartonplatten*

51 *dem groben Verfugen der Bodenfliesen wird die Fugenmasse mit einem Schwammbrett diagonal über die Fugen gezogen und verbleibender Fugenmörtel wird aufgesogen*

Parkettverlegen

Bevor auf die einzelnen Arbeitsgänge eingegangen wird, ist auf ein mögliches Problem aufmerksam zu machen, das dann entsteht, wenn die Trocknungszeit schwimmender Estriche, auch Austrocknung genannt, ignoriert wird. Da die Trocknungszeiten von schwimmenden Estrichen von der jeweiligen Witterung abhängen, sollte vor Einbau von Belägen (Linoleum, Teppich, Fliesen, Holz usw.) geprüft werden, ob der Estrich genügend ausgetrocknet ist. Wer diese in der DIN geregelte Austrocknung missachtet, muss damit rechnen, dass sich der Bodenbelag nach wenigen Wochen derart wölbt, dass er entfernt und erneuert werden muss. Fachbetriebe verfügen deshalb über entsprechende Messmethoden, womit sie entscheiden können, ab welcher Restfeuchte der Estrich mit einem Bodenbelag versehen werden kann. In diesem Beispiel wurde der Austrocknungsgrad aufgrund freigeschlagener Estrichproben ermittelt.
Für den Wohn- und Essbereich des Winkelhauses war ein Eichenparkett aus Hochkantlamellen mit einer Rohhöhe von 23 mm zu verlegen. Die einzelnen Eichenlamellen waren 160 mm lang, 23 mm hoch, 7 mm breit und mit einem klarsichtigen Klebeband zu einer Deckfläche von ca. 30 x 16 cm miteinander verbunden.
Beim Verlegen dieses Parketts, das von einem autorisierten Handwerksbetrieb ausgeführt wurde, waren in der ersten Phase folgende Arbeitsgänge notwendig:

Parkettverlegen

1. Estrich säubern und grundieren
2. Kleber mit Zahnspachtel auftragen
3. Lamellenparkett verlegen (ansetzen, anschlagen und spannen)

Bevor aber die erste Estrichfläche mit dem Parkettkleber versehen wird, ist eine Grundlinie notwendig, von der aus die Verlegearbeiten beginnen. Diese Linie wird mit der Montage einer so genannten „Parkett-Richtschiene" erreicht.
In Abbildung 52 ist bereits ein Teil der Fläche mit ungeschliffenem Parkett versehen, das direkt an die befestigte Richtschiene, die sich links unter dem Fensterelement befindet, anschließt.

52 *Die Parkett-Richtschiene vor der südlichen Fensterfront im Wohnbereich*
53 *Parkett-Kleber mit dem Zahnspachtel auftragen*
54 *Parkett-Tafel verlegen*
55 *Parkett-Tafel mit der flachen Seite des Hammers fugendicht anschlagen*
56 *Im Randbereich mit dem Zug-Eisen gegen bereits verlegte Parkett-Tafeln fugendicht drücken*

Die Richtschiene muss für den Zeitraum der Verlegearbeiten solide mit dem Estrich verankert sein, um ein Verziehen der Grundlinie zu vermeiden. Denn nach dem Ansetzen der einzelnen Parkett-Tafeln werden diese mit der Seitenfläche eines Hammers gegen die bereits verlegten Tafeln fugendicht angeschlagen, um ein einheitliches Bild des Parketts zu erreichen.

Das Zugeisen in Abbildung 56 ersetzt nicht nur das fugendichte Anschlagen mit dem Hammer, sondern hinterlässt im Randbereich eine sehr wichtige (Dehnungs-)Fuge von wenigen Millimetern, die mit Holzkeilen oder Abstandshaltern gesichert wird. Keile und Abstandshalter werden vor dem Schleifen des Parketts entfernt. Die verbleibende Fuge wird später mit einer Sockelleiste abgedeckt und sorgt künftig dafür, dass das Parkett arbeiten, das heißt, sich dem jeweiligen Mikro-Klima des Hauses (Wärme/Kälte/Feuchtigkeit) anpassen kann.

Interessant ist in diesem Zusammenhang, wie minimale Schwindungen und Dehnungen eines Vollholz-Parketts abgefedert werden können, wenn verdeckende Sockelleisten nicht verwendbar sind. Dies ist beispielsweise bei Übergängen von Parkett zu Fliesen, etwa zwischen Wohnraum und Küche der Fall oder wenn Säulen im Raum stehen, um die das Parkett herum zu legen ist. In unserem Beispiel sind das die beiden Säulen zwischen Wohn- und Essbereich, die den sichtbaren Balken tragen. Bevor das Parkett um die Säulen verlegt werden konnte, wurde ein 10 mm breiter und 22 mm hoher Korkstreifen als Dehnungspuffer an die Säulen geklebt. Nachdem das Parkett verlegt ist, beginnen die kosmetischen Arbeiten wie Schleifen, Verfugen, Grundieren usw. Im ersten Arbeits-

Die Luftdichtheitsprüfung im Niedrigenergiehaus

(BlowerDoor-Messverfahren)

Nach den Angaben des Herstellers Bien-Zenker ist auch das Winkelhaus ein Niedrigenergiehaus, da die in der Wärmeschutzverordnung von 1995 festgelegten Standards (k-Werte) erheblich unterschritten werden. Da aber nicht nur eine bessere Wärmedämmung erreicht werden soll, um die Transmissionswärmeverluste zu reduzieren, sondern auch die Lüftungswärmeverluste auf einen festgelegten Standard zu minimieren sind, ist eine Luftdichtheitsprüfung der Gebäudehülle zu empfehlen, wie sie unter anderem auch am Winkelhaus vorgenommen wurde.
Für Niedrigenergiehäuser, die als solche anerkannt werden sollen, um finanzielle Zuschüsse zu erhalten, ist diese Prüfung der Gebäudehülle vor Abschluss des Innenausbaus durchzuführen. Auch wenn keine Zuschüsse zu erwarten sind, ist eine Luftdichtheitsprüfung sehr zu empfehlen. Denn sollte ein zu hoher Luftwechsel gemessen werden, ist die Luftdichtheit an Fenstern, Türen, Wand- und Dachanschlüssen durch nachträgliche Dichtungsmaßnahmen zu verbessern.

62 *Luftdichtheitsprüfung (Differenzdruckmethode) mit der BlowerDoor-Messmethode*

---

gang wird das Parkett im Kreuz- bzw. Diagonalschliff mit sehr groben Schleifpapier (16er Korn) geschliffen, dann folgen Längsschliffe in Faserrichtung mit 24er, 40er und 60er Schleifpapier.
Da bei den Schleifarbeiten sehr viel Schleifstaub entsteht, sollte während der Feinschliffe ein Atemschutz getragen werden. Um zu verhindern, dass Fugen durch den Schleifstaub verfärbt werden, ist außerdem darauf zu achten, dass der Schleifstaub nicht in frisch gekachelte oder geflieste Räume eindringen kann!
Im Anschluss an die Schleifarbeiten ist die gesamte Parkettfläche zu verfugen. Hierfür wird vor Ort eine Holzkittmischung aus Schleifstaub und lösungsmittelfreiem, wässrigem Bindemittel hergestellt und mit dem Spachtel ganzflächig verteilt.
Wie in den Abbildungen 53 und 61 zu erkennen ist, bewegt sich der Handwerker auf so genannten „Knierollen", um sich die Bodenarbeit zu erleichtern und die Gelenkbelastungen auf Knie- und Fußgelenk zu reduzieren.
Nach dem Austrocknen erfolgt noch ein Feinschliff mit 120er Korn, sodass die Fläche anschließend mit Wasserlack grundiert und nach 24 Stunden für die endgültige Versiegelung, ebenfalls mit Wasserlack, angeschliffen werden kann.

57 *So genannte Stirnschraubzwingen als Abstandshalter für das frisch verlegte Stäbchen-Parkett*
58 *Korkstreifen als Dehnungspuffer am freistehenden Ständer*
59 *Diagonal- bzw. Kreuzschliff auf dem Lamellenparkett*
60 *Feinschliff mit einem Spezialschleifgerät für Randbereiche und Ecken*
61 *Verfugen der Parkettfläche mit bauseits hergestelltem Holzkitt*

Das Kernhaus

Tim Heide / Verena v. Beckerath / Andrew Alberts, Berlin

Der kreative Prozess

Idee und Entwurf
Ansichten, Schnitte, Grundrisse

Baubeschreibung und Baumaterialien

Außenwände und Giebel
Innenwände Hauskern
Dachkonstruktion und Dachdichtung

Bau- und Montageablauf

Holz, Glas und Metall
Erdgeschoss und Decke
Obergeschoss und Dach

Dachabdichtung Bitumendach und Bitumenschindeln

Farbiger Fassadenputz

Innenausbau

Koordination der Gewerke (Elektro, Heizung, Sanitär)
Deckenverkleidung und Spachtelarbeiten

Der kreative Prozess

Idee und Entwurf

Folgt man der Interpretation des Architektenteams aus Berlin, basiert die Idee des Kernhauses auf dem Verhältnis von offenen und geschlossenen Räumen, deren Benutzungsmöglichkeiten durch eine ungewöhnliche Raumaufteilung definiert wird: Ein zweigeschossiges Haus, das von innen nach außen gegliedert ist. In der Mitte befinden sich je zwei gleich große Zimmer als „Kernräume", die von einem umlaufenden, ca. 180 cm breiten „Umraum" umgeben sind. Die Breite des Umraums erinnert an eine proportionenbestimmende Maßeinheit (Ken) in der klassischen japanischen Architektur. Kernräume und Umraum sind durch Schiebe- bzw. Flügeltüren miteinander verbunden, sodass persönliche Nähe oder Abstand jederzeit realisierbar sind. Durch die Schiebetüren sind aber auch Lichteinfall und Belüftung der Kernräume regelbar. Interessant ist zudem, dass der Umraum nicht nur Badezimmer, Bibliotheksraum oder Küche aufnimmt, sondern aufgrund der großzügigen Fensterflächen als Veranda oder Galerie benutzt werden kann, was in den Zeichnungen 1 und 2 deutlich wird:

Da die ungewöhnliche Raumaufteilung irritieren könnte, zeigt bereits an dieser Stelle Abbildung 1 in Ergänzung zur perspektivischen Zeichnung 3 das Verhältnis von Kernraum und Umraum innerhalb des fertigen Kernhauses (Erdgeschoss).

Anzumerken ist, dass die „Kern-Umraum-Konzeption" für beide Ebenen Variationen anbietet, die auch für kinderlose Paare und Freiberufler interessant sein könnten.

Ansichten, Schnitte, Grundrisse

Bereits in der perspektivischen Darstellung, Zeichnung 3, und in Abbildung 1 wird deutlich, dass das Architektenteam besonderen Wert auf den Lichteinfall legt. Dies gilt nicht nur für die unterschiedlich genutzten Umraumbereiche (Bad/WC, Bibliothek, Essplatz, Galerie usw.), sondern auch für die Kernräume.

Dementsprechend wurden die Süd-, Ost- und Westwände in beiden Ebenen mit großflächigen Schiebe-Fensterelementen versehen, um auch die Kernräume mit Tageslicht zu versorgen. Selbst die Nordseite des Kernhauses verspricht durch die verglaste Eingangstür und das Fenster im Obergeschoss einen großzügigen Lichteinfall.

Wie sehr dieser Wunsch nach Helligkeit der Räume die Architektur beeinflusst hat, zeigen die Ansichten 4 bis 7. Unabhängig vom Gestaltungsfaktor Tageslicht überrascht auch die schlichte, eigenwillige Form des Kernhauses, wobei die eingerückte Dachtraufe und der Schornstein unverwechselbare Gestaltungselemente sind.

1 Der Blick vom vorderen Kernraum (2) zur südlichen und westlichen Fensterfassade; dazwischen der Umraum

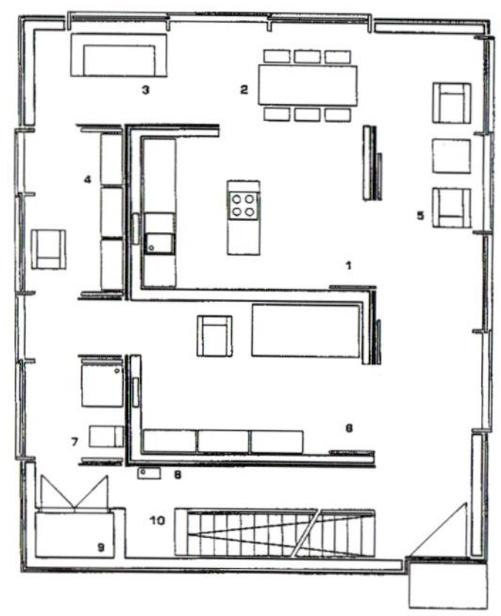

Zeichnung 1

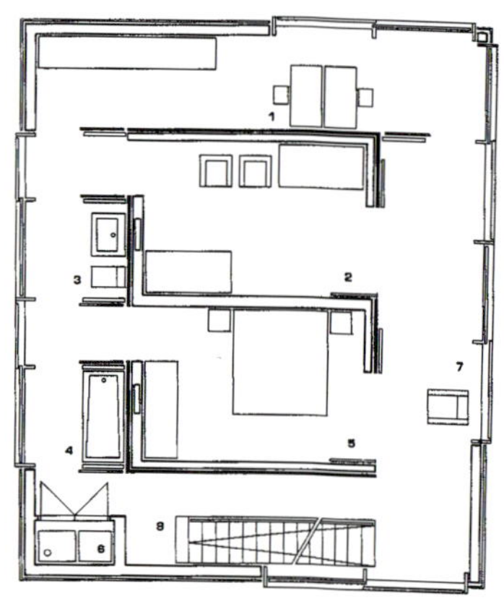

Zeichnung 2

Das eingerückte Dach wird auch in der Schnittzeichnung deutlich (Zeichnung 10). Es ist als Kaltdach geplant, die Wärmedämmung wird also von der oberen Geschossdecke übernommen. In dieser Zeichnung ist auch die Grundkonzeption dieses Hauses wieder deutlich erkennbar: In der Mitte der Kernraumbereich, der vom Umraum umgeben ist.

Die Grundrisse für das Erd- und Obergeschoss sind im Vergleich zu den Entwurfszeichnungen (siehe 1 und 2) im Wesentlichen unverändert, aber mit aktuellen Maßen versehen. Die vom Architektenteam beabsichtigte Mobilität der Bewohner innerhalb des Hauses wird aber erst deutlich, wenn man die in den Entwurfszeichnungen definierten „Erlebnisfunktionen" auf die endgültigen Grundrisse überträgt. So ist vorstellbar, dass sich der Raum für Kinderaktivitäten im Obergeschoss nicht auf ein Zimmer reduziert, sondern sich gegebenenfalls auf den Kern- und südwestlichen Umraum erweitern lässt.

3

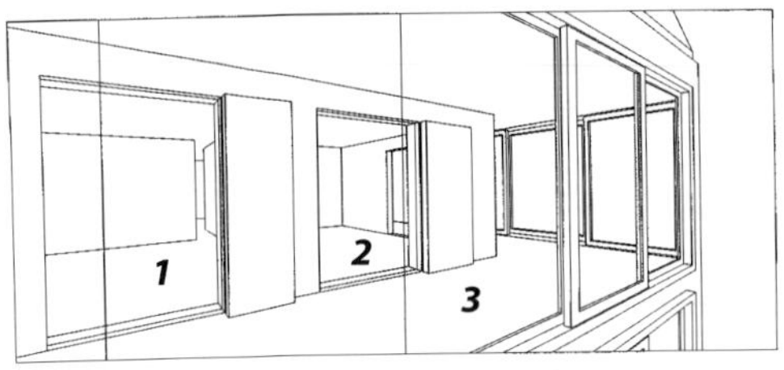

10

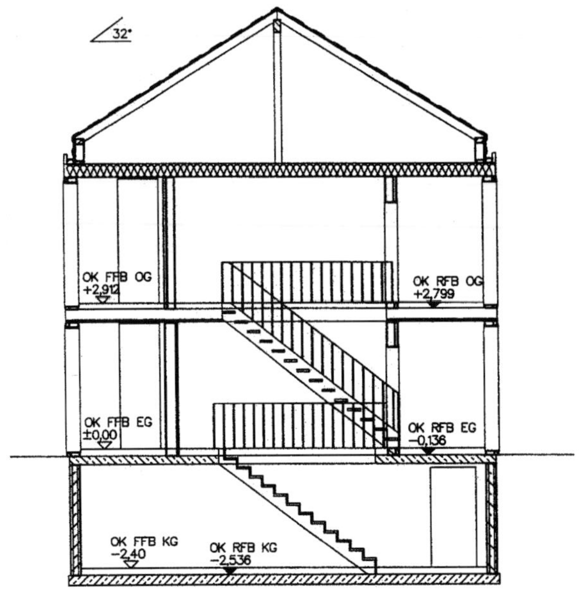

Zeichnung 1 *Entwurfszeichnung Erdgeschoss*
Zeichnung 2 *Entwurfszeichnung Obergeschoss*
Zeichnung 3 *Perspektivische Darstellung: Kernräume 1, 2 und Umraum 3*
Zeichnung 4 *Nordansicht*
Zeichnung 5 *Südansicht*
Zeichnung 6 *Ostansicht*
Zeichnung 7 *Westansicht*
Zeichnung 8 *Grundriss Erdgeschoss*
Zeichnung 9 *Grundriss Obergeschoss*
Zeichnung 10 *Schnitt des Kernhauses von Nord nach Süd*

4

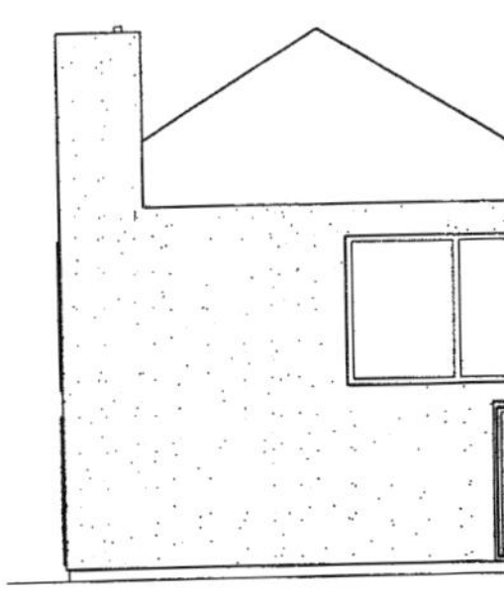

5

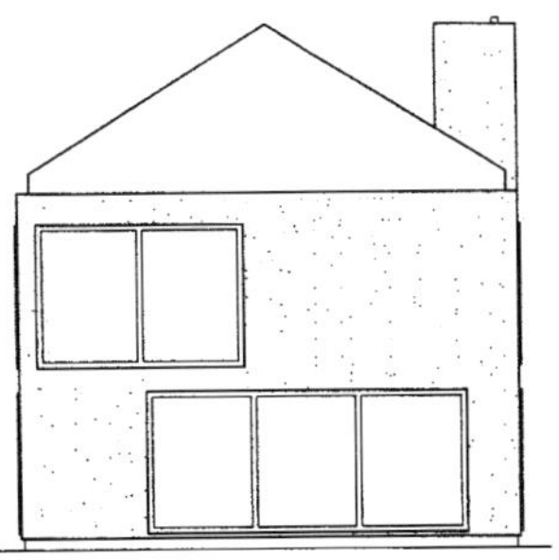

6

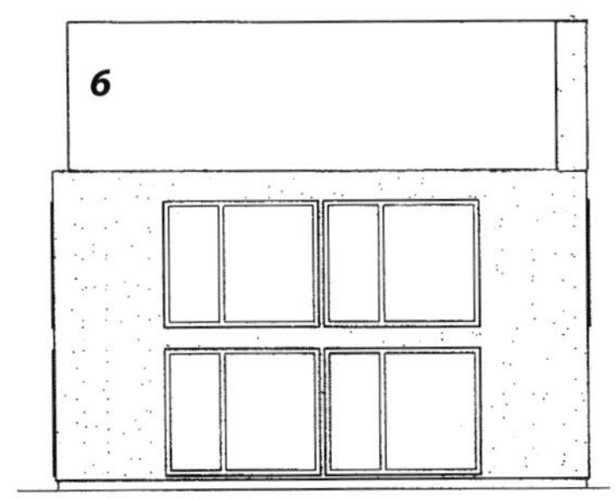

7

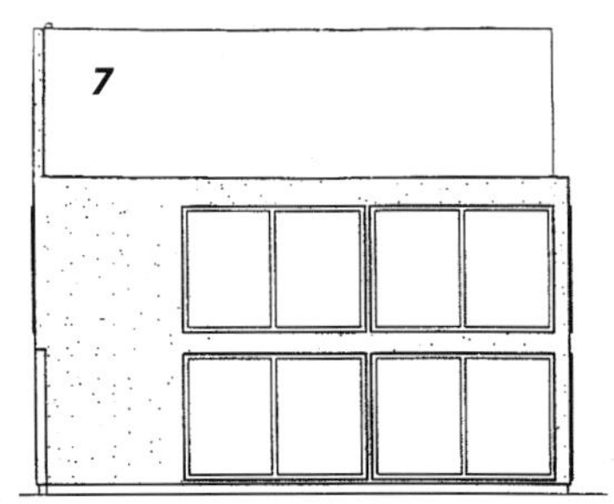

8

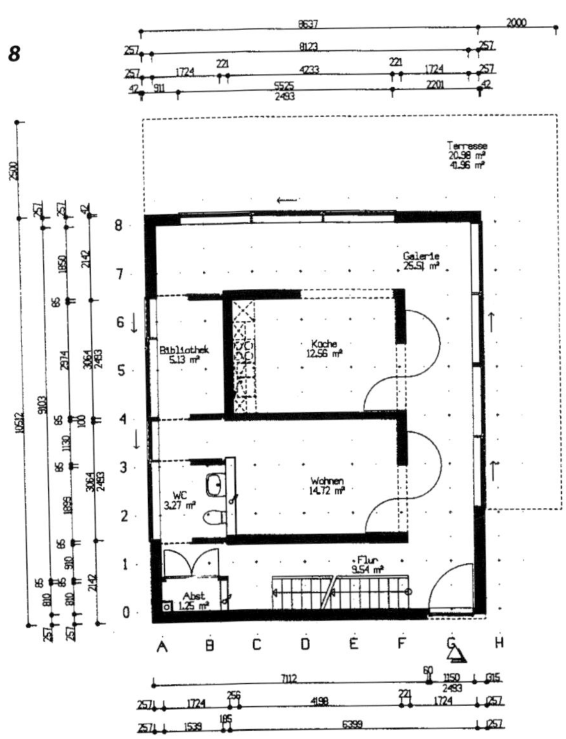

9

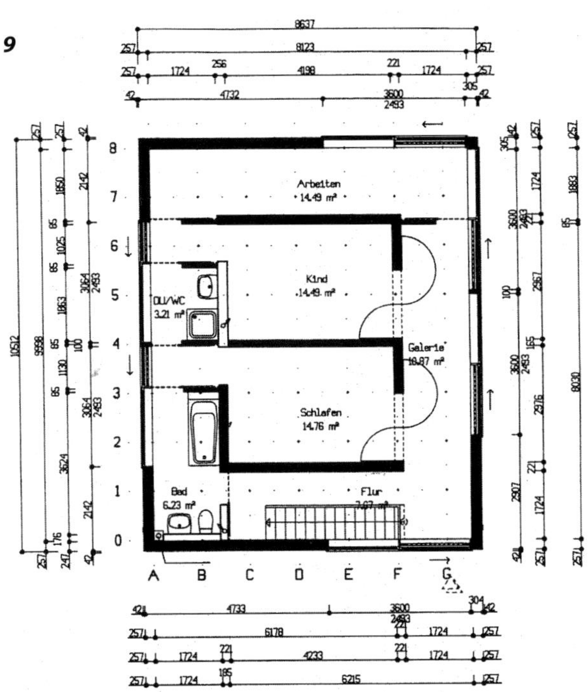

Baubeschreibung und Baumaterialien

Außenwände und Giebel

Um auch für die Außenwände des Kernhauses einen Wärmedämmwert zu erreichen, der dem Standard eines Niedrigenergiehauses entspricht, wurde auch hier eine Kombination von Dämmstoffen gewählt, die in den bereits beschriebenen Häusern verarbeitet wurde (160 mm Mineralwärmedämmung im Ständerwerk und 60 mm Dämmplatten als äußerer Putzträger; Wärmedämmwert k = 0,19 W/m^{2}K).
Da der Dachboden für Wohnzwecke nicht nutzbar ist, wurde die Wärmedämmung nicht zwischen die Sparren des Satteldaches, sondern in die Decke des Obergeschosses verlegt. Aufgrund dieser Volldämmung (240 mm) konnte das Dach – einschließlich der beiden Giebelwände – als „Kaltdach" geplant und realisiert werden. Dies bedeutet, dass Giebelwände und Dachflächen ohne Wärmedämmung montiert wurden (siehe Abbildungen 21–26, Seite 78/79).

Innenwände Hauskern

Die Innenwände der Kernräume haben nicht nur eine statisch tragende, sondern auch eine wärmespeichernde Funktion, die dadurch erreicht wird, dass porosierte Sandzementsteinplatten das Holzrahmenfachwerk zum Umraum hin ergänzen.
Dieses Holzrahmenfachwerk (140 mm) ist beidseitig mit Gipsfaserplatten (12,5 mm) beplankt und zusätzlich mit den oben erwähnten Wärmespeicherplatten versehen, um die Wärmedurchlässigkeit der Fensterelemente (k-Wert 1,1) gegenüber den Außenwänden (k-Wert 0,19) in den kühleren Jahreszeiten zu kompensieren.

Dachkonstruktion und Dachdichtung

Da der Dachboden des Satteldachs für Wohnzwecke nicht benutzbar ist, wurde die Dachdämmung in die obere Geschossdecke verlegt, wie aus Zeichnung 11 ersichtlich ist. Die Zeichnung verdeutlicht auch die eigenwillige Dachkonstruktion im Traufenbereich.
Die ungewöhnliche Dachkonstruktion dieses Hauses wurde dadurch erreicht, dass die Dachfläche nicht in eine übliche Traufe mit entsprechendem Dachüberstand übergeht, sondern in die eingezogene Dachrinne hineinläuft. Architektonisch sicherlich eine sehr interessante Lösung, aber hinsichtlich ihrer Nähe zur Decken- und Außenwanddämmung eine besondere Herausforderung an die Dichtigkeit der Regenrinne – auch nach Ablauf der Gewährleistungsfristen!
Dies gilt auch für die beiden Giebelseiten, die die gleichen Konstruktionsmerkmale aufweisen, wie Zeichnung 12 zeigt.
Die auf der Dachschalung befestigte besandete Bitumenbahn, die parallel zur Traufe überlappend verlegt wurde, ist, bevor die Bitumenschindeln verlegt wurden, zusätzlich mit einer Bitumenschweißbahn versehen worden (siehe Kapitel „Dachabdichtung", Seite 80).
Je Giebel wurden zwei Dachentlüfter installiert, um Hitze- und Feuchtigkeitsstaus im Dachboden zu verhindern.

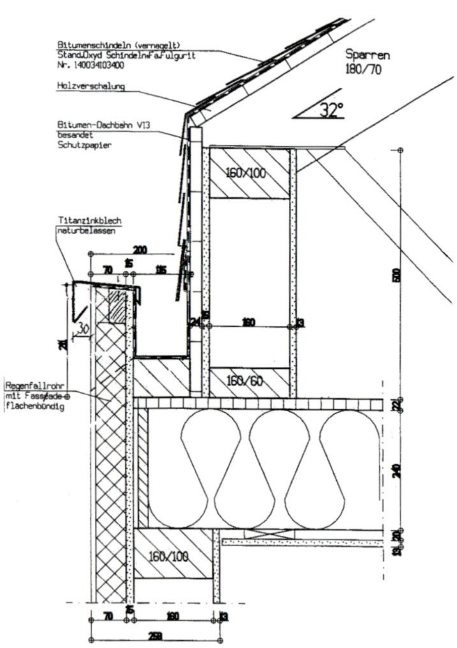

Zeichnung 11 *Dachanschluss des Kernhauses im Traufenbereich*

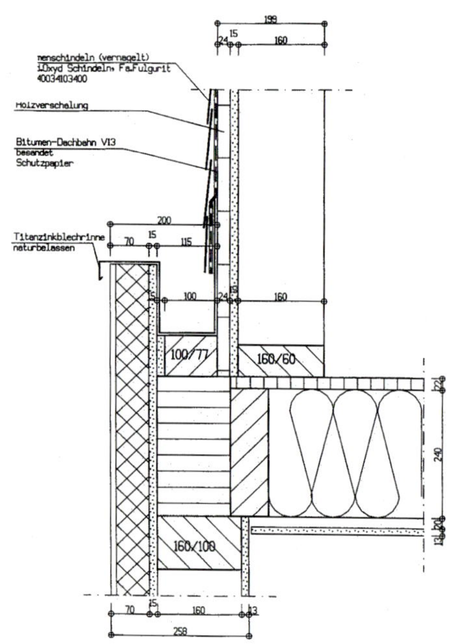

Zeichnung 12 *Dachanschluss am Giebel*

Bau- und Montageablauf

Holz, Glas und Metall

Bevor der Bau- und Montageablauf detailliert beschrieben und dokumentiert wird, ist darauf hinzuweisen, dass der Fertighaushersteller Bien-Zenker die architektonischen Ansprüche des Architektenteams mit Techniken und Materialien realisieren konnte, die im herkömmlichen Holzrahmenbau nicht üblich sind. Dies gilt besonders für die Außenwände mit großen Fensterelementen, für deren Rähm (oberer Randbalken/Randträger) nicht Vollholz, sondern statisch belastbarere, brettschichtverleimte Binder verwendet wurden, die zusätzlich mit Stahlträgern (L- und T-Träger) verstärkt waren. Diese Holz-Stahl-Konstruktion war notwendig, da die Randträger auch die Funktion eines Fenstersturzes, in diesem Fall des Außenwandsturzes, übernehmen mussten. Interessant ist auch, dass die großformatigen Fenster als außenlaufende Schiebetüren in die Außenwandelemente beider Ebenen integriert wurden.

Erdgeschoss und Decke

Wie aus der Grundrisszeichnung 13 zu erkennen ist, war auch für das Kernhaus die Reihenfolge der zu montierenden Außen- und Innenwände vorgegeben. Bauleitung und Montageteam entschieden sich dann aber vor Ort für einen an der Baupraxis orientierten Montageablauf, der alle weiteren Arbeitsgänge erleichterte. So wurde der Planung entsprechend erst die Südwand (1) und danach die Ostwand (2) montiert, der dann die Innenwände (3) bis (8) folgen sollten. Stattdessen wurde aber die Westwand (9) vorgezogen, um die Montage der Kernwände zu erleichtern.

2 *Die komplette Südwand des Erdgeschosses „am Haken"*
3 *Vorläufige, lotrechte Verankerung des südlichen Wandelements*

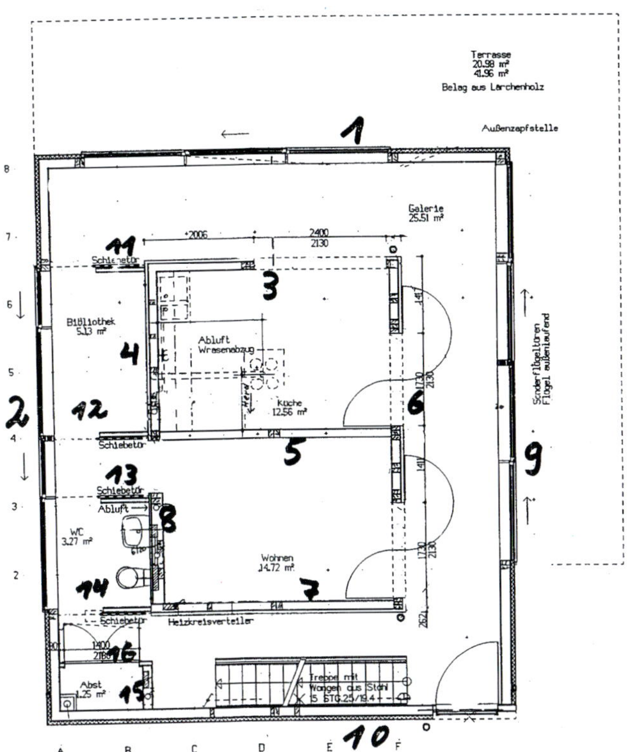

Zeichnung 13 *Grundriss Erdgeschoss mit der Reihenfolge der Wandmontagen*

5

6

Schon bei flüchtiger Betrachtung der Abbildungen 2, 4 und 6 fällt auf, welche konstruktiven Lösungen notwendig waren, um die gewünschten großformatigen Fensterflächen statisch zu lösen. Wer genauer hinschaut, entdeckt in den Abbildungen 3 und 5 die Brettschichtbinder, die auf den Ost- und Westelementen mit Winkeleisen verstärkt sind, um als „Rähm" die noch fehlenden Deckenelemente tragen zu können (siehe auch Deckenmontage Abbildungen 9, 10 und 11).

Bevor die einzelnen Wandelemente in den Eckpunkten miteinander verschraubt werden können, ist jede Wand innenseitig mit der Schlaglinie bündig und auf eine gleiche Höhe zu setzen, wobei Unterlegplättchen dafür sorgen, dass zwischen Betondecke und unterer Schwelle ein 1,5 bis 2 cm breiter Spalt verbleibt. Dieser Spalt wird später mit einem Quellmörtel ausgefüllt. Mit dem Spreizer lässt sich dann der lotrechte Stand endgültig fixieren (siehe Abbildung 3).

Da die Innenwände aufgrund des umlaufenden Umraumes keinen Kontakt zu den Außenwänden haben, wurde die südliche Innenwand (3) im ersten Arbeitsgang provisorisch mit der Außenwand verbunden und anschließend mit der östlichen Innenwand (4) endgültig verschraubt. In Abbildung 8 sind alle tragenden Innenwände (3–8) gesetzt und miteinander verschraubt und lassen bereits die ungewöhnliche Raumaufteilung des Kernhauses erkennen; im Vordergrund ist die Nordwand (10) noch am Haken. Bevor die vorgefertigten und nummerierten Deckenelemente für das Erdgeschoss verlegt werden können, sind die Außenwände maßgenau auszurichten und fugendicht miteinander zu verbinden. Das hierbei auch kraftvolle Hammerschläge sehr hilfreich sind, ist in Abbildung 8 zu erkennen, auf der die Nordwand eingepasst wird. Es wurde bereits darauf hingewiesen, dass die großformatigen Fensterflächen in der Ost-, Süd- und Westwand mit der herkömmlichen Holzrahmenbauweise nicht realisierbar wären, weshalb die tragenden Wände (Ost und West) zusätzlich mit L-Eisenträgern versehen wurden.

4 *Einschweben der Ostwand, deren linkes Fenster noch von einer Spanplatte verdeckt ist*
5 *Süd- und Ostwand-Ecken kurz vor der Verschraubung*
6 *„Andocken" des Westwandelements an die Südwand*
7 *Die süd- und östliche Innenwand kurz vor der Eckverschraubung*

8 *Innen- und Außenwände kurz vor der Deckenmontage*
9 *Einpassen eines Deckenelements auf das L-Eisen des Randbalkens (Ostwand)*
10 *Eingepasstes Deckenelement auf dem L-Träger der Westwand*

Da aber auch die Südwand im Erdgeschoss mit einem großformatigen Fenster ausgestattet war (siehe Abbildung 2) und deshalb keine Drucklasten übernehmen konnte, wurde das letzte, südliche Deckenteil oberhalb des Fenstersturzes mit einem Doppel-T-Träger verstärkt, um die Lasten des Obergeschosses abzufangen.
Die Deckenmontage erschöpft sich aber nicht darin, die einzelnen Elemente mit Kranhilfe einzupassen, sondern sie müssen auch solide mit den Innen- und Außenwänden verschraubt werden.
Vor diesem Arbeitsgang sind aber die einzelnen Deckenteile fugendicht zueinander und mit den Außenwänden zu verbinden. Als „schweres Gerät“ eignet sich hierfür zunächst die Brechstange, die sich auch für Millimeterarbeit eignet. Ergänzend wird der Balkenspanner verwendet, um die einzelnen Bauteile fest aneinander zu pressen; erst danach können die verbindenden Holzschrauben eingesetzt werden.

11 *Durchgehender Doppel-T-Träger oberhalb der südlichen Außenwand (Deckenelement während des Einpassens)*
12 *Verspannen eines Deckenelements mit dem Randbalken der Außenwand*
13 *Das fertig montierte Erdgeschoss des Kernhauses (Rohmontage)*

Obergeschoss und Dach

Da sich die Arbeitsabläufe für die Montage des Obergeschosses im Wesentlichen wiederholen, seien hier nur die wichtigsten Arbeitsgänge in Reihenfolge wiedergegeben: Da das Obergeschoss die gleichen Konstruktionsmerkmale wie das Erdgeschoss aufweist, sind auch hier die oberen Randbalken der Ost- und Westwand mit L-Stahlträgern versehen, um die Geschossdecke tragen zu können. In Abbildung 16 ist dieser L-Träger gut zu erkennen. Wie in der Bildunterschrift erwähnt, beginnt der Monteur einen werkseitig angehefteten, senkrechten Streifen der Gipsfaserplatte zu lösen, um später die Eckständer der Ost- und Nordwand miteinander verschrauben zu können.
Neben dieser Eckverbindung werden alle Innen- und Außenwände mit der Balkenlage der Erdgeschossdecke verschraubt, die den Zugang zur Schwelle der jeweiligen Wand ermöglichen.

14

16

15

14 *„Einschweben" der Südwand des Obergeschosses*
15 *Montage der Ostwand. Unten rechts steht bereits eine ungedämmte Giebelwand*
16 *Mit dem Spreizer lotrecht gesetzte Ostwand. Monteur löst gerade die Kontaktfläche zur Nordwand-Montage*

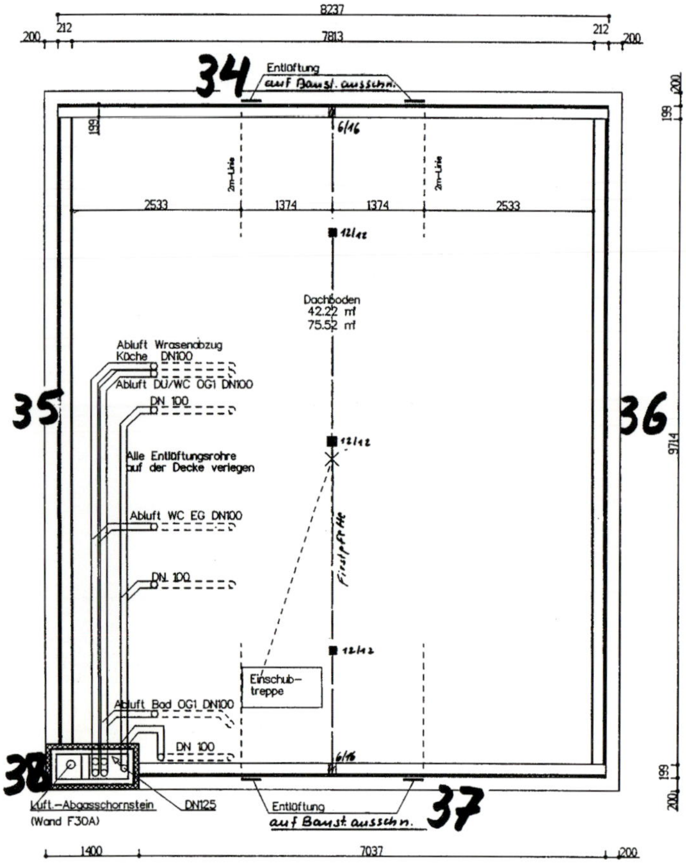

Zeichnung 14 *Montageplan für Giebelwände (34, 37) und Drempel (35, 36)*

In Abbildung 17 ist zu erkennen, wie mit der Richtscheit-Wasserwaage die Flucht der unteren und oberen Wand überprüft wird. Erst wenn diese Flucht lotrecht übereinstimmt, kann die obere Wand mit der Decke verschraubt werden.

Nach Abschluss der Wandmontagen im Obergeschoss wurden die vollgedämmten Deckenelemente auf die dafür vorgesehenen Stahlträger der Randbalken verlegt. Die 24 cm dicke Mineralwolledämmung war notwendig, da das darüber zu montierende Satteldach als Kaltdach – also ohne Dämmung – vorgesehen war.

Bei der Dachmontage, genauer bei der Montage der beiden Giebel und Drempel, wurde eine weitere Besonderheit dieses Hauses deutlich: Da für die Dachentwässerung eine innenliegende Kastenrinne zu installieren war (siehe Zeichnungen 11 und 12), mussten die Giebelwände und Drempel um 200 mm nach innen versetzt montiert werden. Dies wird aus dem Montageplan (Zeichnung 14) und der Abbildung 21 ersichtlich.

17

18

19

Bevor die Dachflächen verlegt werden konnten, war die Firstpfette mit den drei Vollholzständern zu montieren. Da ein giebelseitiger Ortgang entfiel, wurde die Firstpfette lastabfangend, also auf Laschen aufliegend, in die beiden Giebel integriert.

17 *Überprüfen der lotrechten Flucht der unteren und oberen Außenwand mit der Wasserwaage*
18 *Bis auf die Westwand sind alle Innen- und Außenwände montiert und lassen die ungewöhnliche Raumaufteilung erkennen*
19 *Montage der Westwand im Obergeschoss*
20 *Montierte Giebelwände und Drempel (Südwest-Ansicht)*

20

Sobald die dachtragenden Konstruktionsteile (Drempel, Giebel und Firstpfette) montiert sind, beginnt für den Zimmermann das Auslegen und Abnageln der Dachsparren. Anders hingegen im Fertighausbau: Sparren und Rauschalung sind werkseitig zu bauseitig montierbaren Dachteilflächen vorgefertigt.
Dabei ist anzumerken, dass zimmermannstypische Arbeiten von der Werkstatt auf die Werkshalle verlagert wurden, ohne auf handwerkliche Präzision zu verzichten, wie in der folgenden Abbildung 22 zu erkennen ist: Fünf Sparren sind durch die Dachschalung zu einem Dachflächenelement vorgefertigt, wobei an den einzelnen Sparren die notwendigen „Kerven“ (freigesägte Auflageflächen) für die First- und Fußpfette (hier: Drempel) zu erkennen sind. Um Dachflächen gegen eine Parallelverschiebung durch Windlasten mechanisch abzusichern, müssen sie ausgesteift werden. In der traditionellen Dachkonstruktion wurden hierfür die senkrechten Sparren innen mit diagonal befestigten Dachstreben oder Dachlatten ausgesteift. Aus diesen so genannten „Windrispen“ aus Holz entstand das verzinkte Windrispenband, das überwiegend von außen auf die Sparren genagelt wird. Da diese Windrispenbänder 2–3 mm stark sind, ist es im Holzhausbau üblich, die Auflageflächen auf Sparren oder Dachschalungsflächen vorher freizuhobeln, damit Holz und Metall auf einer Ebene liegen. Wird dieser einfache Arbeitsgang unterlassen, können im Innenausbau oder bei der Dacheindeckung sichtbare Wölbungen entstehen, die es zu vermeiden gilt.
Dieser Hinweis sei erlaubt, weil die beiden mittleren Dachteilflächen auf der Ost- und Westseite mit Windrispenbändern werkseitig ausgesteift und bauseitig montiert wurden und die gesamte Dachfläche später eine mehrlagige Bitumeneindeckung erhielt.

21

22

23

24

25

26

21 *Montage der Firstpfette. Rechts unten ist der Versatz für die Kastenrinne zu erkennen*
22 *Dachflächenelement mit montagefertigen Sparren: Unten links die Kerven für den Auflagepunkt Drempel; rechts oben die Kerven für die Firstpfette*
23 *Montage der ersten Dachteilfläche auf der Ostseite*
24 *Abnageln der ersten Dachfläche auf der Westseite*
25 *Dachflächenteile (freischwebend und montiert) mit diagonalen Windrispenbändern*
26 *Das letzte Dachelement im freien Flug*
27 *Das montierte Satteldach des Kernhauses vor der Dachabdichtung*

27

Dachabdichtung Bitumen-dach und Bitumenschindeln

Der Bau- und Leistungsbeschreibung für das Kernhaus ist zu entnehmen, dass die Dachfläche mit hellgrauen Bitumenschindeln auf einer Dachpappe einzudecken ist. Das heißt, im ersten Arbeitsgang wurde die Dachfläche mit einer besandeten Bitumendachbahn eingedeckt, wie es auch Zeichnung 11 auf Seite 70 dokumentiert.
Obwohl die waagerecht verlegte und mit Breitkopfnägeln befestigte Bitumenbahn als Dachdichtung ausreicht, entschied die Bauleitung vor Ort, eine zusätzliche Bitumenschweißbahn auszulegen. Diese Schweißbahn, die bereits bei der Absperrung nicht unterkellerter Fundamentplatten verarbeitet wurde, ist auch hier mit einem Gasbrenner erhitzt, flächig vom First zur Traufe ausgerollt und mit der Bitumenbahn verschweißt worden.
Der Vorteil der Bitumenschweißbahn liegt nicht nur in der zusätzlichen Dachdichtung, sondern auch darin, dass die Schindeln in Problembereichen mit der Schweißbahn verschweißt werden können. So schreibt der Hersteller vor, dass die Schindeln bei einer Dachneigung von 3° bis 12° nicht genagelt, sondern eingeflämmt werden müssen. Da die Dachfläche des Kernhauses mit einer Dachneigung von 32° oberhalb der verdeckten Regenrinne senkrecht abfällt, wurden die ersten drei Reihen der Traufe, die Ortgänge und die Firstabdeckung eingeflämmt.

Bitumendachschindeln des Herstellers Fulgurit sind 100 cm lang, 34 cm breit und belasten die Dachfläche mit nur 10,5 kg/m^2. Um einen Quadratmeter Dachfläche einzudecken sind sieben Schindeln notwendig, die mit verzinkten Breitkopfstiften (fünf je Schindel) überlappend befestigt werden. Beim Kernhaus begannen die Handwerker mit den Giebelflächen, um danach die Satteldachflächen einzudecken (siehe hierzu auch die Zeichnungen 11 und 12). Vor dem Verlegen dieser Schindelart ist eine horizontale und vertikale Abschnürung erforderlich, um gleichmäßige Abstände zu gewährleisten. Beide Hilfslinien werden mit der Schlagschnur markiert.
Da die giebelseitigen Bitumenschindeln am Ortgang und am First mit von Hand zugeschnittenen Teilstücken abgedeckt werden sollten, war eine Überlappung auf die Dachfläche nicht notwendig. So konnte der überstehende Teil der Bitumenschindeln der Dachneigung entsprechend abgeschnitten werden. In Abbildung 30 ist diese Schnittkante rechts im Bild zu erkennen.
Bevor mit dem Eindecken des Daches begonnen werden konnte, wurde die einzudeckende Fläche von der Traufe bis zum First mit horizontalen und vertikalen Schlaglinien festgelegt, um eine gleichmäßige, parallel verlaufende Dacheindeckung zu erreichen.
Lesern, die sich für dieses Dachdeckungsmaterial interessieren, sei die „Montageanleitung für Bitumendachschindeln" des Herstellers empfohlen.

28

29

30

28 *Erhitzen, Ausrollen und Verkleben der Bitumenschweißbahn*
29 *Eindeckung des südlichen Giebels mit Bitumendachschindeln*
30 *Das Abnageln der Schindeln mit Breitkopfstiften am Giebel*

Farbiger Fassadenputz

Zu den abschließenden Außenarbeiten gehörte auch hier das Verputzen aller Außenwände mit atmungsaktivem Strukturputz, wie am Beispiel des Winkelhauses beschrieben. Vorher waren alle ungedämmten Flächen zwischen Erdgeschoss und Obergeschoss und im Drempel-Traufenbereich mit ergänzenden Gipsfaserplatten und Hartschaumdämmplatten fugendicht zu versehen, die anschließend mit einem Glasfasergewebe und Armierungsputz stabilisiert wurden.
Abschließend sei erwähnt, dass auch das Kernhaus einer Luftdichtigkeitsprüfung mit dem BlowerDoor-Messverfahren unterzogen wurde, um als förderungswürdiges Niedrigenergiehaus anerkannt zu werden.

31

32

31 *Bitumendachschindel-Eindeckung auf der Dachfläche des Kernhauses. Im Hintergrund der Abgas- und Entlüftungsschornstein. Am Ortgang ein kantenparalleles Schalbrett als Schnittkante*
32 *Abnageln der Bitumenschindeln in versetzten Reihen*

33 *Überdeckung der Bitumenschindeln an der Traufe*
34 *Dachanschluss: Giebel, Ortgang und Traufe. Unten: Regenrinne mit Zinkblechabdeckung*
35 *Auftragen der äußeren, atmungsaktiven, farbigen Putzschicht (Struktur- oder Rillenputz)*
36 *Luftdichtheitsprüfung nach dem BlowerDoor-Messverfahren*

33

34

35

36

Innenausbau

Koordination der Gewerke (Elektro, Heizung, Sanitär)

Parallel zu den Dachdeckungsarbeiten begannen die Sanitär-, Elektro- und Heizungsmontagen. Da für dieses Haus eine Gasheizungsanlage mit Niedertemperaturtechnik vorgesehen war, die die Fußbodenheizungen in allen Räumen des EG und OG versorgen sollte, mussten vor dem Verlegen der Heizschlangen folgende Arbeiten auf den Fußböden abgeschlossen sein: Kalt- und Warmwasserleitungen (druckgeprüft und isoliert) und alle Stromkreise einschließlich Potentialausgleichsleitungen.
Anschließend waren die Böden mit einer zweilagigen Wärme- und Trittschalldämmung abzudecken, wobei die letzte Lage mit einer Wärmereflexionsbeschichtung versehen war. Um zu verhindern, dass der später zu schüttende Estrich keinen schallübertragenden Kontakt zu allen Wandanschlüssen hat, mussten vorher Dämmstreifen hochkant verlegt werden.
Im Gegensatz zu den Noppenplatten, die im Generationenhaus als Montagehilfe für die Fubo-Heizung verlegt wurden, entscheid man sich hier für ein Befestigungssystem, bei dem die Heizschlange durch Kunststoffhaken mit der darunter liegenden Dämmplatte verbunden wird.

In Abbildung 38 ist die Heizschlange komplett ausgelegt; an den Wandanschlüssen sind die hochkant verlegten Randdämmstreifen zu erkennen. An der Decke (Abbildung 38 oben) fehlt noch die Dampfsperrfolie und die Deckenverkleidung.

Deckenverkleidung und Spachtelarbeiten

Im Holzrahmenbau ist es üblich, die Decken erst nach der Montage zu dämmen und mit der Unterkonstruktion für Dampfsperre und Beplankung zu versehen. Im Fertighausbau werden die Deckenelemente so weit vorbereitet, dass nur noch die Dampfsperrfolie oder -pappe und die Gipskartonplatten zu befestigen sind. Deshalb wird vor diesen Montagearbeiten jedes Schalbrett der Unterkonstruktion mit einem Strich auf der Wand gekennzeichnet. So erhält man eine verlässliche Hilfslinie für die Befestigung der Gipskartonplatten.
Bevor die Spachtelarbeiten beginnen können, sind alle Eckkanten mit Eckschutzschienen, auch Putzschienen genannt, zu versehen, die mit einem Tacker jeweils lot- oder waagerecht befestigt werden.

37

38

37 *Verlegen der Heizschlange für die Fußbodenheizung*
38 *Verlegte Fußbodenheizung im westlichen Umraum des OG*
39 *Verlegen der Dampfsperrfolie auf die Unterkonstruktion mit seitlicher Überlappung*
40 *Befestigen der Gipskartonplatten mit einem Drucklufttacker*
41 *Eckschutzschienen im Fensterbereich*
42 *Erste Spachtelarbeiten am Mittelpfosten der Schiebetürelemente an der Westseite*
43 *Spachtelmasse mit der Glättkelle in die Stoßfuge ziehen*

44

45

46

47

48

An den Wand- und Deckenflächen werden im ersten Arbeitsgang die Fugen der Plattenstöße mit der pastös angerührten Spachtelmasse verputzt, wobei die Glättkelle sehr hilfreich ist. Bei diesem Verputzen geht es nicht darum, die Stoßfläche gleichmäßig abzudecken, sondern ein Mörtelbett für den Bewehrungsstreifen vorzubereiten. Es ist bekannt, dass Bewehrungsstreifen in die frisch angespachtelte Füllmasse einzulegen sind, wofür normalerweise auch die Glättkelle benutzt wird.
Im professionellen Trockenbau hat sich jedoch ein Abrollgerät durchgesetzt, das diesen Arbeitsgang erheblich erleichtert und verkürzt. Mit diesem „Abroller" wird der Bewehrungsstreifen in die Spachtelmasse gedrückt, auf Fugenlänge abgerollt und abschnitten.
Anschließend wird die Stoßfuge geglättet und für den endgültigen Spachtelauftrag vorbereitet.
Der letzte Spachtelauftrag könnte zwar wieder mit der Glättkelle ausgeführt werden, womit aber ein relativ hoher Arbeitsaufwand verbunden wäre. Stattdessen benutzten die Trockenbauer und Maler einen „Spachtelboy", der die vorbereiteten Stöße mit einer sehr feinen, dünnen Schicht derart überdeckt, dass keine weiteren Spachtelarbeiten mehr nötig sind.
Da auch die Eckstöße mit Bewehrungsstreifen zu versehen sind, um Dehnungsrisse zu vermeiden, versuchte man hier die Arbeitsgänge zu vereinfachen. Dabei wird die Spachtelmasse wie üblich von Hand aufgetragen und der Bewehrungsstreifen angelegt, dann aber nicht mit umständlichen Spachtelbewegungen, sondern mit einem Eckroller in die Eckfuge gepresst. Anschließend müssen nur noch die überstehenden Schlieren der Spachtelmasse abgezogen werden.
Im Anschluss an die Deckenverkleidungs- und Spachtelarbeiten konnten die Vorbereitungen für die Tapezier- und Malerarbeiten begonnen werden; beides sehr zeitaufwändige und handwerklich anspruchsvolle Arbeitsabläufe, die auch in Eigenleistung möglich sind.

49

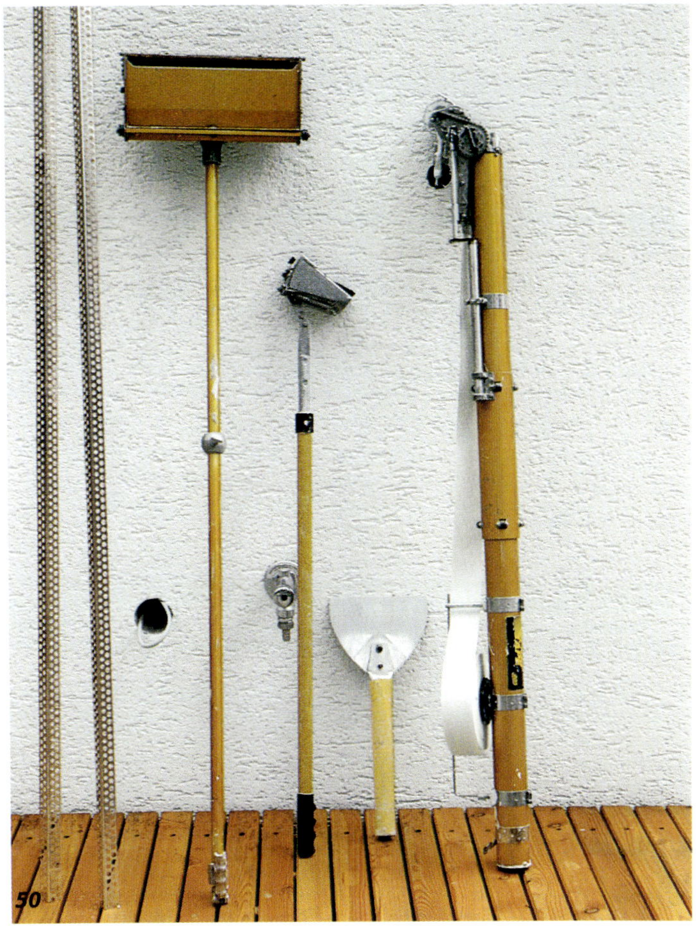

50

44 *Bewehrungsstreifen mit dem Abrollgerät in die feuchte Spachtelmasse drücken*
45 *Stoßfuge anschließend glätten und Spachtelmasse auffangen*
46 *Der letzte Spachtelauftrag mit dem „Spachtelboy"*
47 *Endgültiger Spachtelauftrag an der Decke mit dem „Spachtelboy"*
48 *Nach dem Anlegen des Bewehrungsstreifens in die Spachtelmasse presst der Eckroller den Streifen winkelgenau in die Eckverbindung von Wand und Decke*
49 *Abziehen der überstehenden Schlieren der Spachtelmasse*
50 *Die Spachtelwerkzeuge auf einen Blick (v.l.n.r.): Spachtelboy, Eckroller, Handspachtel, Abroller für Bewehrungsstreifen*

Das Stadthaus

Ingrid Spengler / Friedo Wiescholek, Hamburg

Der kreative Prozess

Ideenskizzen und Modell
Ansichten und Grundrisse

Baubeschreibung und Baumaterialien

Bau- und Montageablauf

Der Treppenturm
Erdgeschoss: Holz und Stahl
Obergeschossmontage (1)
Obergeschossmontage (2): Dachdichtung und Fassade, Wände und Dach

Ergänzende Gewerke

Lichtkuppel auf dem Flachdach
Wand- und Deckenverkleidung
Glasbausteine im Treppenturm
Zinkblechabdeckung Flachdachränder
Schwimmender Estrich und Bodenbeläge

Der kreative Prozess

Ideenskizzen und Modell

Das Stadthaus des Hamburger Architektenteams Ingrid Spengler/Friedo Wiescholek irritiert den Betrachter zunächst, weil hier eine Konzeption in zwei Varianten realisiert wurde.

Im Gespräch mit den Architekten wurde deren kritisches Verhältnis zum herkömmlichen Eigenheimbau deutlich. Sie bevorzugen Wohnkonzeptionen, die selbst auf kleinen Grundstücken im citynahen Bereich realisierbar sind und sich deshalb für eine verdichtete Bauweise eignen. Die Addierbarkeit eines Siedlungshauses entspricht diesen Vorstellungen. Die Funktionen des Stadthauses und seine räumliche Konzeption werden bereits in der kreativen Phase skizziert:

1

2 a

2 b

3

Während in der ersten Skizze noch die Bedürfnisse der künftigen Bewohner im Mittelpunkt stehen, wozu auch die Nähe zum Auto gehört, werden in den Skizzen 2a + 2b bereits architektonische Parameter deutlich, die das Was und Wo definieren.
Die Addierbarkeit der äußeren Form und die darin liegenden Nutzungsmöglichkeiten (Dachterrasse/Auto-Unterstand) wird in der dritten Skizze deutlich. Hier zeichnet sich bereits die endgültige architektonische Konzeption ab.

Zeichnung 1 *Kernfunktionen des Stadthauses zwischen Straße und Garten*
Zeichnung 2 *Grundrisstypologien (a + b) mit Treppenturm und Lichtschacht*
Zeichnung 3 *Die Addierbarkeit des Stadthauses als Reihenhausprojekt*

1 *Zweigeschossiges Stadthaus-Modell mit Autostellplatz und Terrasse im Obergeschoss*

2 *Stadthaus-Modell mit Treppenturm (links) und Lichtschacht auf dem oberen Flachdach*

Zeichnung 4 *Südansicht des doppelten Stadthauses*

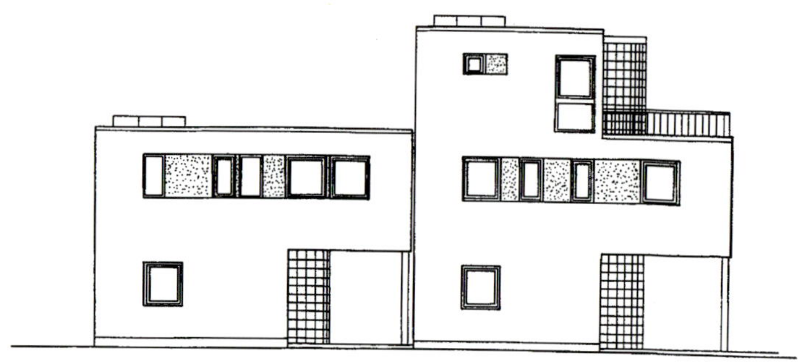

Zeichnung 5 *Nordansicht des doppelten Stadthauses*

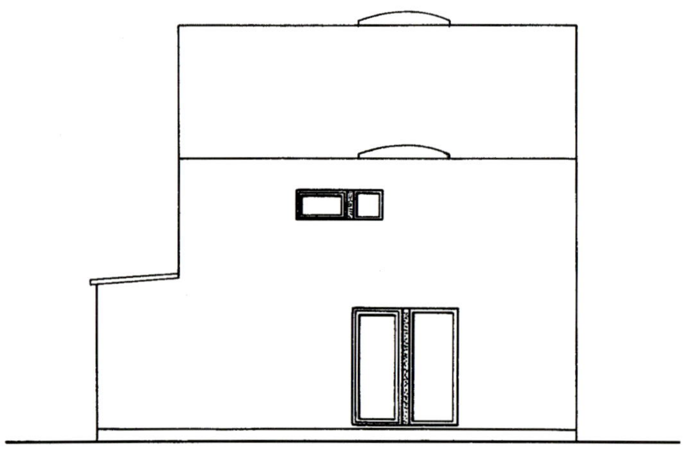

Zeichnung 6 *Ostansicht der beiden Stadthäuser mit Lichtkuppeln auf den Flachdächern*

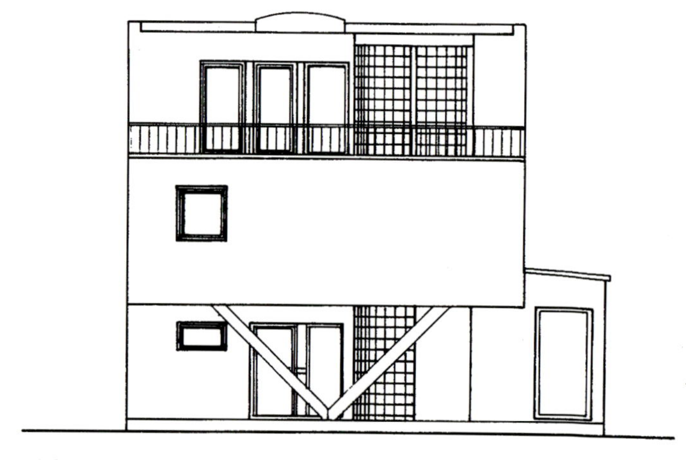

Zeichnung 7 *Westansicht mit überdachtem Autostellplatz und Terrasse*

Die endgültige Konzeption wird in dem ebenfalls zweigeschossigen Modell deutlich, auf dem nicht nur die klare, geometrische Form bestätigt wird (Abbildung 1), sondern auch zwei weitere architektonische Besonderheiten erkennbar sind (Abbildung 2): der durch alle Etagen gehende runde Treppenturm und ein Lichtschacht, der das Tageslicht durch eine auf dem Flachdach montierte Lichtkuppel bis ins Erdeschoss führt. Damit wird ein Lichteffekt realisiert, durch den sich alle vertikal angrenzenden Räume der Lichtsäule optisch miteinander verbinden, womit ein ganzheitliches Raum-Wohn-Erlebnis erreicht wird.

Ansichten und Grundrisse

Die Skizzen und das Modell lassen nur andeutungsweise erkennen, dass das Stadthaus in zwei Varianten angeboten wird: Die zweigeschossige Ausführung (Keller, Erdgeschoss, Obergeschoss) für die junge Familie und die dreigeschossige Variante (mit Dachterrasse) für Familien mit schulpflichtigen Kindern, für Lebensgemeinschaft oder für Freiberufler.

Erst in den Süd- und Nord-Ansichten werden die beiden Varianten eindeutig definiert. Und das nicht nur in der zwei- bzw. dreigeschossigen Version, sondern auch – und das war ein sehr konkretes Anliegen der Architekten – in der erwähnten Addierbarkeit ihrer Wohnkonzeption. Interessant sind auch die Lichtkuppeln auf den beiden Flachdächern und die segmentartig mit Glasbausteinen ummantelten Treppentürme, deren handwerkliche Details noch beschrieben werden. Die Ostansicht erinnert zunächst an streng-formale Bauhausideen. Der individuelle Charme dieses Entwurfs wird aber bestätigt, wenn Ansichtszeichnung und Foto des fertigen Hauses aufeinander treffen: In der Westansicht dominiert zunächst das ungewöhnliche „Y“, eine Stahlkonstruktion, die das auskragende Obergeschoss abzufangen hat. Zwischen Stahlträger und Hauseingang befindet sich der Pkw-Stellplatz. Neben dem Hauseingang steht der Treppenturm, der teilweise mit Glasbausteinen ummantelt wurde und bis ins zweite Obergeschoss reicht, wo eine großflächige Dachterrasse zur Entspannung einlädt.

Der überdachte Eingangsbereich und der Stellplatz für das Auto reduziert zwangsläufig die Wohnfläche im Erdgeschoss, obwohl – und hier sei an die Skizze 1 erinnert – auf dieser Ebene die wichtigsten Funktionen des täglichen Lebens realisierbar sind. Ergänzende Wohn- und Lebensräume erschließt das 1. Obergeschoss mit Studio, Gästezimmer, Bad und großzügiger Terrasse.

3 *Ostansicht des doppelten Stadthauses. Im Vordergrund das zweigeschossige, im Hintergrund das dreigeschossige Stadthaus. In Bildmitte die Lichtkuppeln*

3

Baubeschreibung und Baumaterialien

Zu den auffälligsten architektonischen Besonderheiten des Stadthauses gehören der bereits erwähnte Treppenturm, der Lichtschacht und die begehbare Terrasse oberhalb des 1. Obergeschosses. Unerwähnt blieben bisher die beiden Flachdächer oberhalb des zwei- bzw. dreigeschossigen Stadthauses, die sich für eine Dachbegrünung oder eine zusätzliche Nutzung anbieten. Das gilt besonders für die eingeschossige Ausführung, die – analog des hinteren Mehrgenerationenhauses in Kapitel 1 – mit einer teilbegrünten und begehbaren Dachterrasse ausgestattet werden könnte. Es ist interessant, dass die extensive Dachbegrünung in der Leistungsbeschreibung für einen Teil der Dachterrasse erwähnt wurde. Dachdichtung und Dachbegrünung sind übrigens Arbeiten, die handwerklich korrekt in Eigenleistung erbracht werden können. Für den Treppenturm bot sich ab Oberkante Kellerdecke eine Leimholzkonstruktion mit integrierbarer Wendeltreppe aus Holz an, die aber offensichtlich aus Kostengründen einer Stahlbeton-Skelettbauweise weichen musste. Dennoch wollte man nicht ganz auf Holz verzichten, weshalb ein Teil des Treppenturms im Erdgeschoss mit einer senkrechten Stülpschalung versehen wurde, die sich an die Holzverkleidung im Eingangsbereich anschloss (siehe Seite 107).

Die Tageslichtkuppel im Flachdach gehört ebenfalls zu den Bausteinen dieser individuellen Stadthaus-Architektur, deren problemlose Montage auf Seite 105 beschrieben wird.

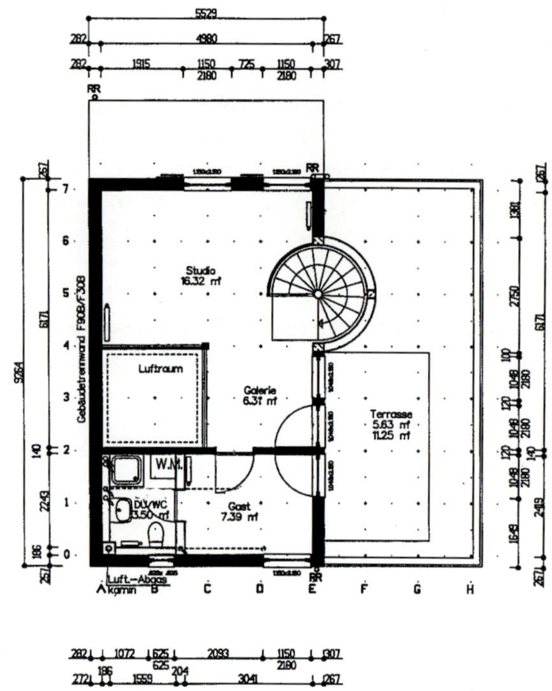

Zeichnung 10 *Grundriss 2. Obergeschoss*

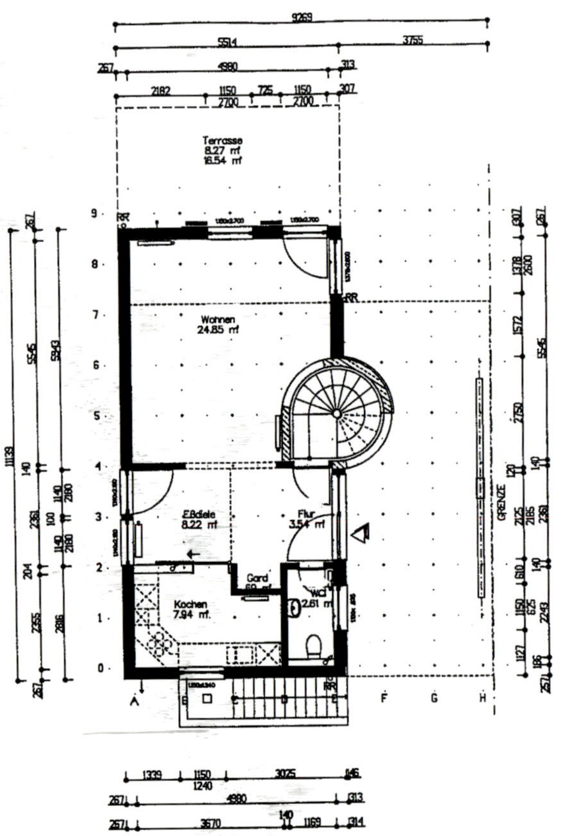

Zeichnung 8 *Grundriss Erdgeschoss mit Treppenturm*

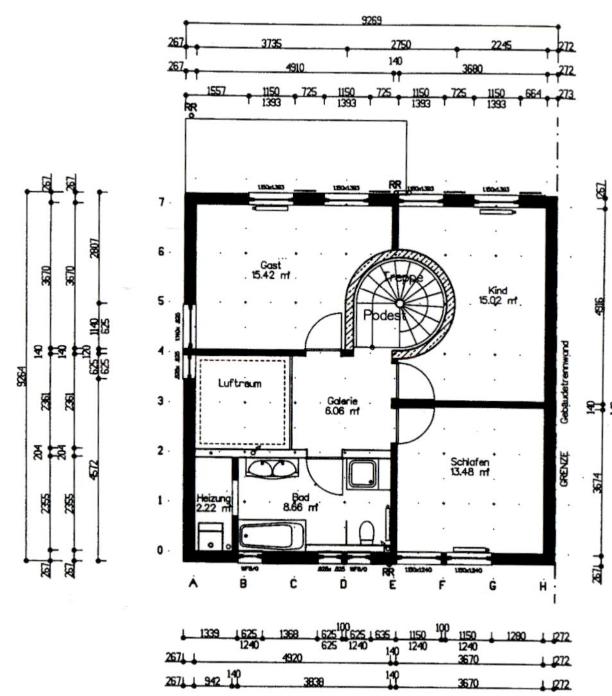

Zeichnung 9 *1. Obergeschoss mit auskragendem Westteil (Kinderzimmer und Schlafzimmer)*

Bau- und Montageablauf

Der Treppenturm

Im Gegensatz zu den anderen Wunschhäusern begann das „Abenteuer Stadthaus“ bereits bei den Kellerarbeiten. Obwohl auch hier ein Keller in Fertigbauweise vorgesehen war, unterschied sich die Bauweise dieses Untergeschosses allein durch den integrierten kreisrunden Treppenturm, der von der Kellersohle bis in die oberste Geschossdecke zu führen war. Eine handwerkliche Herausforderung für Maurer, Zimmerleute, Flechter und Betonfacharbeiter; später auch für die Glasbausteinsetzer und Tischler.

Im Kellerbereich wurde der Treppenturm gemauert und in Kellerdeckenhöhe mit einem Betonring versehen, dessen Armierung mit der Kellerdecke verbunden war. Ergänzt wurde der Turm durch eine skelettartige Stahlbetonkonstruktion, deren Kreissegmente mit Kalksandsteinen oder Glasbausteinen ausgefacht wurden.

Ergänzend ist zu erwähnen, dass noch ein zweites Fundament notwendig war, um die Tragkonstruktion (Y-Stahlträger) des auskragenden Obergeschosses abzufangen.

Erdgeschoss: Holz und Stahl

Nach dem Montageplan für das Erdgeschoss sollte mit dem Wandelement 1 begonnen werden, das dem Treppenturm in südlicher Richtung anzupassen wäre (siehe Zeichnung 11). Bauseitig entschied man sich aber dann für die Reihenfolge 3, 2, 1, vermutlich um zu erfahren, ob die Zimmerleute, Flechter und Maurer beim Turmbau präzise gearbeitet haben.

4 *Stadthaus-Keller und gemauerter Treppenturm; in Erdgeschosshöhe wird gerade der Betonring vorbereitet*

5 *Treppenturm EG und OG (ohne Dachgeschossteil)*

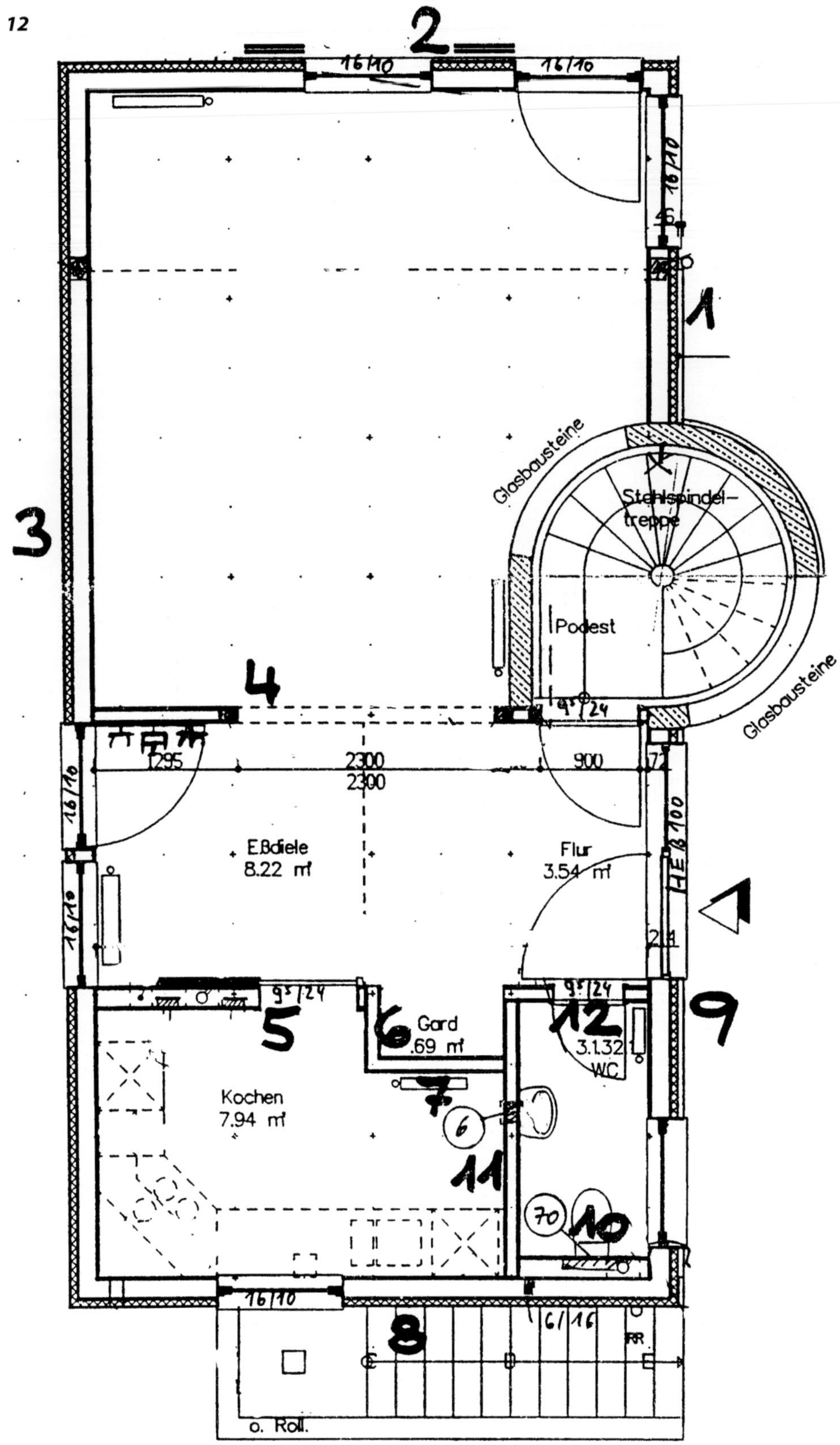

Zeichnung 11 *Montageplan für das Erdgeschoss des Stadthauses*

Nach Montage der ersten beiden Außenwände (3, 2) stellte sich heraus, wie verlässlich die Handwerkskollegen gearbeitet hatten: Bis auf geringfügige Stemmarbeiten am Treppenturm konnte das südwestliche Außenwandelement (1) präzise montiert werden.
Nachdem alle Innen- und Außenwandelemente im Erdgeschoss montiert waren, begann die Montage des ungewöhnlichen Stahlträgers, der den auskragenden Teil des 1. Obergeschosses abzufangen hat. In der Abbildung 8 wird gerade versucht, den unteren Teil des Stahlträgers in die Fundamentöffnung zu führen.
Um die freischwebenden Deckenelemente des Erdgeschosses mit dem Stahlträger verbinden zu können, war der 9 m lange T-Träger innenseitig mit 15 Laschen verse-

hen, mit denen die einzelnen Deckenbalken verschraubt werden konnten.
In den beiden Abbildungen 11 und 12 ist die Volldämmung mit mehrlagiger Mineralwolle sehr anschaulich zu erkennen. Diese 24 cm dicke Dämmung ist notwendig, um den Kälteeinfluss von unten (Carport) zu minimieren. Im späteren Verlauf der Hausmontage wurde die Unterseite der Decke vor der Verkleidung noch mit einer zusätzlichen Dämmung versehen (siehe Seite 107).
Wie alle anderen Geschossdecken entspricht auch diese Decke dem Standard des Herstellers. Der Aufbau von unten nach oben:

Deckenaufbau	
1. 12,5 mm	Naturgipsbauplatte
2. 20,0 mm	Holzunterkonstruktion
3. 240,0 mm	hohe Deckenbalken (ausgefacht mit 240 mm mineralischer Dämmung im Bereich des Carports)
4. 22,0 mm	Holzwerkstoffplatte

Im Bereich des Carports entfällt die 12,5 mm Naturgipsplatte. Stattdessen ist gemäß Baubeschreibung eine Stülpschalung vorgesehen.
Zu den abschließenden Arbeiten auf der Erdgeschossdecke gehörte neben den Schraubverbindungen (Decke/Wand) die Befestigung der Dichtungsbahn an den Deckenrändern und das Anschlagen der Setzlinie für die Obergeschosswände.

6 *Treppenturm und montierte östliche und südliche Außenwand (3, 2)*
7 *Einpassen des südwestlichen Wandelements (1) zwischen Treppenturm und Südwand*
8 *Rechts vom Treppenturm die eingepasste Außenwand; im Vordergrund der Y-Stahlträger*
9 *Präzises Einführen des Stahlträgers in die Fundamentöffnung*

10 *Millimeterarbeit: Das südliche Deckenelement mit den Stahlträgern verbinden; rechts im Bild die angeschweißten Laschen*

11 *Verschrauben des ersten Deckenelements mit der Erdgeschosswand. Im Hintergrund der T-Träger*

12 *Mit dem Stahlträger verschraubte Deckenelemente*

13 *Anschlagen der Setzlinie für die südliche Obergeschosswand. Rechts der erhöhte Vorbau im EG*

Obergeschossmontage (1)
Es wurde bereits darauf hingewiesen, dass die Außenwände der Obergeschosse zwar stumpf auf die Decke gesetzt und verschraubt werden, an den Außenseiten aber die Deckenkanten in voller Höhe überblatten, das heißt abdecken. Die Überblattungsfläche wird in Abbildung 14 durch die Aufnahme von schräg unten besonders deutlich. Im Normalfall ist diese Überblattungsfläche die Verlängerung der Gipsfaser- und Dämmplatte des Wandelements.

Im Anschluss an die Montage der Ost- und Nordwand entschied sich die Bauleitung, zunächst die komplette Südwand (mit sechs Fenstern!) zu montieren. Danach konnte geklärt werden, ob die Innenwand zwischen Turm und Südwand korrigiert werden muss oder ob am gemauerten Turm kleine Stemmarbeiten vorzunehmen sind, um die gewünschte Passg nauigkeit zu erreichen. Obwohl nur geringfügige Korrekturen notwendig waren, sei hier noch einmal daran erinnert, dass der Treppenturm auch in einer Leimholzkonstruktion möglich wäre.

Nach Abschluss der Wandmontagen waren die Deckenelemente zu verlegen, wobei auch hier wieder eine Holz-Stahl-Kombination notwendig war, um statische Lasten abzufangen. Das galt insbesondere für den Bereich zwischen Galerie, Lichtschacht und Gästezimmer (siehe Zeichnung 9). Das heißt, dass zwischen Treppenturm und Ostwand ein Stahlträger verlegt wurde, an dem die Deckenelemente befestigt werden konnten.

14

15

14 *Außenwandelement für das Obergeschoss mit Überblattungsfläche unterhalb der Schwelle*
15 *Gesetzte Außenwand, die provisorisch mit dem Spreizer lotrecht befestigt wird. Links unten ist die Überblattung und die festgetackerte Dichtungsbahn zu erkennen*
16 *Das Außenwandelement aus südöstlichem Blickwinkel (Bildmitte, rechts)*

17 *Montage der Südwand im 1. Obergeschoss. Im Hintergrund die Nordwand*
18 *Einschwebendes Deckenelement*
19 *Deckenabfangender Stahlträger zwischen Treppenturm und Ostwand (aufliegend). Im Vordergrund die Befestigungslaschen*
20 *Nach Stabilisierung der Südwand wird die Ostwand montiert*
21 *Innenwand von Gästezimmer und Bad „im Anflug"*
22 *Montage der westlichen Außenwand (mit zwei Terrassentüren) links vom Treppenturm-Skelett*

Obergeschossmontage (2): Dachabdichtung und Fassade, Wände und Dach

Aufgrund der großzügigen Raumaufteilung im 2.Obergeschoss waren neben den fünf Außenwänden nur zwei Innenwandelemente zu montieren, sodass dieser Arbeitsgang innerhalb eines Vormittags ausgeführt werden konnte.

Geringfügige Anpassungsprobleme gab es lediglich beim Verlegen der Flachdachelemente oberhalb des Treppenturms.

Die Deckenelemente für das Flachdach oberhalb des 2.Obergeschosses haben den gleichen Aufbau wie die Geschossdecke im Terrassenbereich des 1.Obergeschosses, besitzen also auch eine Volldämmung zwischen 24 cm hohen Deckenbalken und der abschließenden Holzwerkstoffplatte von 22 mm. Allerdings wurde die Dachdämmung vor der Dachabdichtung um eine 6 cm starke Hartschaumplattenlage ergänzt, um einen möglichst niedrigen Wärmedämmwert (k-Wert) zu erhalten.

Es wurde bereits darauf hingewiesen, dass alle Außenkanten der Geschossdecken mit einer Dampfdiffusionsbremsfolie überlappt wurden, die werkseitig zwischen Ständerkonstruktion und Gipsfaserplatte verlegt wurde. Um dieses bauphysikalisch wichtige Detail wiederholt deutlich zu machen, sei auf Abbildungen 27 und 28 hingewiesen. In Abbildung 27 ist die Folie „Tyvek“ unterhalb der verlegten Dachelemente zu erkennen. In der Abbildung 28 ist diese Folie um die Außenkanten des Flachdachs herumgezogen und auf der Holzwerkstoffplatte festgetackert worden.

23

24

26

Zu erkennen ist auch, dass die Flachdachkante danach mit einem umlaufenden Ringbalken versehen wurde. Innerhalb dieser Dachfläche wurde die zusätzliche Dämmung (Nut- und Feder-Hartschaumplatten) und die Dachdichtung verlegt, die an der Aufkantung befestigt werden konnte.
Da die Außenkanten des Flachdachs (einschließlich Ringbalken) mit der Fassade flächenbündig zu ergänzen waren, war es notwendig, diese schmalen Flächen mit Gipsfaserplatten und Dämmplattenstreifen zu ergänzen, bevor die Dachdichtungsfolie verarbeitet werden konnte.
Im ersten Arbeitsgang wurde die Dachfläche mit Hartschaumdämmplatten fugendicht ausgelegt und mit den Holzwerkstoffplatten windfest verklebt. Anschließend konnte die Dachdichtungsbahn, die werkseitig bereits großflächig verklebt war, ausgelegt und in den Eck- und Anschlusspunkten (Dachentwässerungs-Öffnungen) sorgfältig heißluftverschweißt werden.
Diese Arbeitsgänge wurden bereits im ersten Kapitel bei der Dachterrasse des Generationenhauses detailliert beschrieben, mit dem Unterschied, dass hier der Randbalken überlappt werden musste, um eine solide Dachdichtung zu gewährleisten. Später erhielt die „Attika“, wie der Ringbalken auch bezeichnet werden kann, eine witterungsbeständige Zinkblechabdeckung.

23 *Das montierte Stadthaus vor der Flachdach-Montage aus nördlicher Blickrichtung*
24 *Flachdachelement auf der Außenwand aufliegend*
25 *Dachelement-Montage am Treppenturm*
26 *Die unbeplankte Decke im Galeriebereich*
27 *Das eingedeckte Stadthaus mit unbefestigter Dampfdiffusionsbremse unterhalb der Dachkante. Im Vordergrund das zweigeschossige Stadthaus*
28 *Mit Diffusionsbremsfolie überlappte Dachkanten des Flachdachs. Oberhalb ist der Ringbalken aus Vollholz zu erkennen*
29 *Vollholz-Ringbalken mit fassadenbündig angesetzter Gipsfaser- und Dämmplatte*
30 *Flächig verlegte und provisorisch mit Schalbrettern befestigte Dachdichtungsbahn*

In diesem Zusammenhang sei noch einmal daran erinnert, dass zwischen Dachdichtungsbahn und Dachfläche ein Schutzvlies flächig auszulegen ist. Auch oberhalb der Dichtungsbahn ist immer ein Schutzvlies auszulegen, egal ob die Dachfläche begrünt oder mit Kies eingedeckt wird.
Eine interessante Variante der Dachdichtungsarbeiten wurde zwischen den beiden Stadthäusern dort praktiziert, wo das zweigeschossige an das dreigeschossige Haus anschließt.
In Abbildungen 27 und 28 ist oberhalb des Treppenturms des zweiten Hauses ein schmaler Streifen einer Dachdichtungsbahn zu erkennen. Diese überlappende Dichtungsbahn wurde später mit der flächig verlegten Dachdichtung heißluftverschweißt.
Sobald dieser Arbeitsgang abgeschlossen ist, können Restarbeiten an der Fassade ausgeführt werden. Zu diesen Arbeiten gehört es, fehlende Gipsfaserplatten zu ergänzen und mit Dämmplatten zu versehen. Damit künftig keine Risse entstehen, müssen diese Flächen mit einem Glasfasergewebe und Armierungsputz abgedeckt werden. Später wird die Fläche mit einem mineralischen, atmungsaktiven Edelputz versehen.

31 *Verschweißen der beiden Dachdichtungsbahnen im Anschlussbereich beider Häuser*
32 *Fassadenergänzung unterhalb der Dachkante*
33 *Glasfasergewebe mit Armierungsputz auf die ergänzte Fläche auftragen*
34 *Diagonalprüfung des Kuppelrahmens auf der Aufsatzzarge der Dachöffnung*
35 *Der Rahmen wird mit der Zarge verschraubt*
36 *Die segmentartig gebogenen Stegplatten werden auf die Trägerprofile gelegt und in den Rahmen gesteckt*
37 *Einpassen der Stirnelemente*

32

31

33

Lichtkuppel auf dem Flachdach

In der Kurzbeschreibung des kreativen Prozesses wurde bereits auf die Lichtkuppel auf dem Flachdach hingewiesen, durch die Tageslicht bis ins Erdgeschoss fallen soll. Diese Idee eines Lichterlebnisses, das alle angrenzenden Räume mit einer Lichtsäule optisch verbindet, ist nach der Montage der Lichtkuppel verwirklicht worden.

Der Montageablauf ist relativ einfach, da die Einzelteile der Kuppel über ein Stecksystem miteinander verbunden und verschraubt werden. Im ersten Arbeitsgang wurden die halbrunden Trägerprofile in den Befestigungsrahmen gesteckt, auf die Zarge der Dachöffnung gesetzt und mit Hilfe einer Diagonalprüfung rechtwinklig gedrückt.

Um den Segmentbogen der Lichtkuppel vor Montage der Deckprofile zu stabilisieren, mussten die beiden vorderen und hinteren Stirnelemente vorher eingepasst werden. Erst danach, im letzte Arbeitsgang, wurden die Deckprofile über die jeweilige Stoßfuge der Stegplatten gelegt und mit dem darunter liegenden Tragprofil verschraubt.

34

35

36

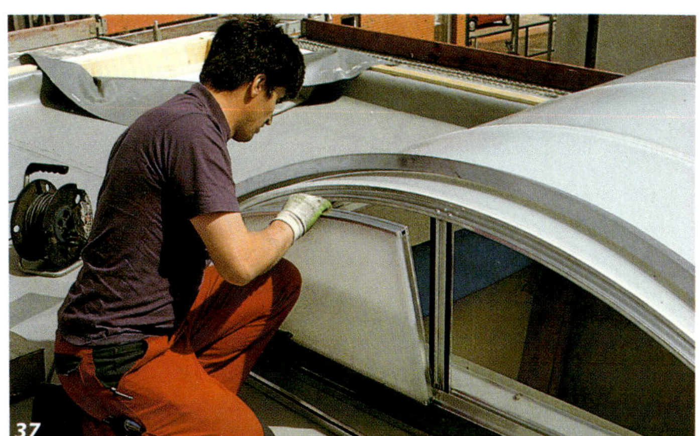
37

38 Verschrauben der Deckprofile mit den Trägerprofilen
39 Die Lichtkuppel von der Galerie aus gesehen (k-Wert ca. 1,6 $W/m^2 k$)

Wand- und Deckenverkleidung

Für den Eingangsbereich des Stadthauses war eine Verkleidung mit Seekieferplatten vorgesehen. Statt der Platten entschied man sich für allseits gehobelte und gefaste Kiefernbretter, die in Form einer Stülpschalung an die Außenwand, den Treppenturm und an die Decke zu montieren waren. Statt verdeckter Befestigung wurde Wert darauf gelegt, die Holzschraubenköpfe sichtbar zu lassen. Interessant auch, dass die senkrechten Kiefernbretter an der Hauswand und die horizontalen Bretter an der Decke in gleicher Flucht befestigt werden sollten. Eine ästhetische Idee, die sich aber am Treppenturm nicht realisieren ließ. Obwohl die senkrechte Verkleidung auf den geraden Flächen beiderseits des Hauseingangs problemlos zu realisieren war, begann bereits hier, nach Montage der Unterkonstruktion, die Millimeterarbeit an jedem Einzelbrett: Länge anreißen, anschrägen und das Brett mit Hilfe der Distanzschablone abstandsgleich befestigen.

Die Unterkonstruktion für die Deckenverkleidung wurde im gleichmäßigen Raster festgelegt, verschraubt und die Zwischenräume mit zusätzlicher Wärmedämmung ausgefacht. Vor den Verkleidungsarbeiten war noch eine diffusionsoffene Unterspannbahn zu verlegen und winddicht zu verkleben.

40 *Der verkleidete Eingangsbereich des Stadthauses; rechts der Treppenturm*
41 *Wand- und Deckenverkleidung in gleicher Flucht befestigt*
42 *Unterkonstruktionsarbeiten für Decke und Treppenturm; links oben im Bild die Zusatzdämmung und die Unterspannbahn*

Etwas problematischer war die Unterkonstruktion am gemauerten Teil des Treppenturms. Da man nicht jedes einzelne Brett andübeln wollte, wurden Sperrholzplattenstreifen zugeschnitten und jeweils im Abstand von 60 cm mit dem Turm verdübelt. Die Biegefähigkeit ließ sich aber nur erreichen, indem die Streifen vorher durchgängig im Abstand von 2–3 cm angeschnitten wurden.

43 *Fugendichtes Abkleben der diffusionsoffenen Unterspannbahn*
44 *Maßgenaues Anreißen der Bohrlöcher für die Verschraubung*
45 *Anschrägen der Schraubenlöcher mit dem Versenker*
46 *Montage der Kiefernbretter am Treppenturm. Rechts im Bild der festgedübelte Sperrholzstreifen; darunter eine Dämmplatte*
47 *Die unvollendete Glasbauwand im Treppenturm des Stadthauses*
48 *Verzinkter Stahlrundstab als Armierungseisen zwischen den waagerechten Fugen*

Glasbausteine im Treppenturm

Wer heute mit Glasbausteinen experimentiert, erinnert sich sicherlich an die licht- und sichtbrechenden Treppenhaus-Schleier hastig gebauter Eigenheime der fünfziger und sechziger Jahre: In glasklaren Flächen wurde mit zitronengelben oder burgunderroten Hohlglasbausteinen gespielt; flaschengrüne und kobaltblaue Einzelstücke verrieten individuellen Geschmack. In der aktuellen Architektur allerdings – das Stadthaus ist hier wagemutiges Beispiel – wird wiederholt versucht, dieses licht- aber nicht sichtdurchlässige Baumaterial dort zu verwenden, wo beide Eigenschaften optimal einsetzbar sind. Ergänzend ist daran zu erinnern, dass farblose Glasbausteine nicht nur eine relativ hohe Lichtdurchlässigkeit haben (80–85 %), sondern aufgrund ihres Eigengewichtes (100 kg/m^2) auch als Lärmschutz sehr interessant sind. Eine weitere Eigenschaft von Glasbausteinen reduziert die Versicherungsprämien für Einbruchschäden: Die Hohlglasbausteine erfüllen eine einbruchsverhindernde Funktion, vorausgesetzt, die Mörtelfugen werden mit Betonstahlstäben armiert.
Und falls die Nachbarn ein Fensterrecht geltend machen können, das den Einbau normaler Fenster nicht gestattet, sind Glasbausteine erlaubt. Die genannten Vorteile sollen aber nicht darüber hinwegtäuschen, dass Glasbausteine in Verbindung mit den Zementfugen einen relativ hohen Wärmedurchgangswert haben. Nach Angaben des Herstellers (Firma J. Weck) liegt der k-Wert zwischen 3,20 und 2,89 W/m^2 k, je nachdem, ob ein Zement- oder ein Leichtbaumörtel verwendet wird. Dieser hohe Wärmedurchgangswert zwingt natürlich zu einer kritischen Betrachtung, zumal wir im Niedrigenergiehausbau k-Werte zwischen 0,22 und 0,18 W/m^2 k erreichen.
Wie aus Abbildung 47 ersichtlich, wurden statt des qua-

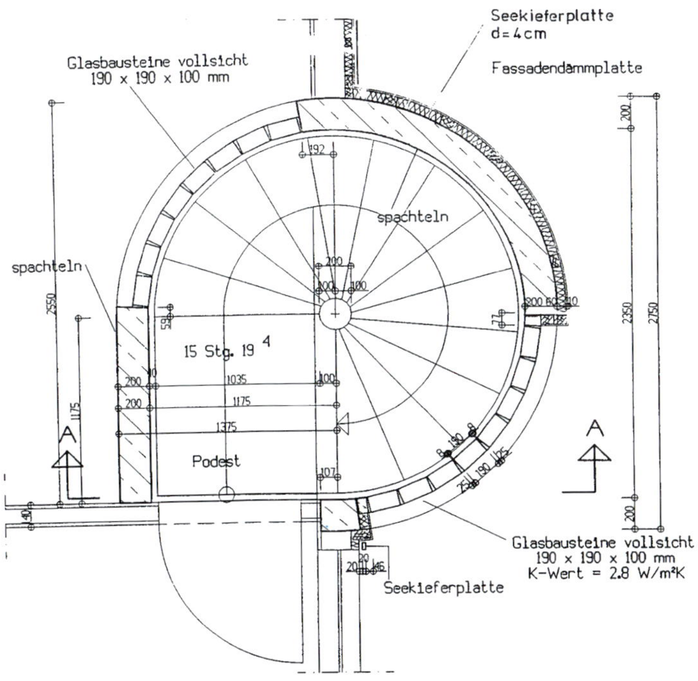

Zeichnung 12 *Treppenturm-Grundriss im Erdgeschoss*

47

48

dratischen Formats (190 x 190 x 100 mm) hochformatige Glasbausteine für den Treppenturm verwendet. Bevor jedoch mit dem Setzen begonnen werden konnte, war die zu mauernde Glasbausteinfläche zu berechnen. Dabei ist nicht nur die Breite des Glasbausteins (plus Fuge; mindestens 10 mm), sondern auch die Breite der Betonumrandung (bis 80 mm) und eine umlaufende Dehnungsfuge (seitlich und oben) wichtig. Dieser Betonrand festigt die Gesamtkonstruktion und kann, wie in diesem Beispiel realisiert, in einem vorher montiertem U-Profil verschwinden. Die Dehnungsfuge (hier der Hartschaumstreifen im U-Profil), die noch um eine Gleitfuge aus Ölpapier ergänzt werden kann, gewährleistet die Beweglichkeit der Glasbausteinfläche bei Temperaturschwankungen. Der Verlegemörtel besteht aus einem Raumteil Zement und drei Raumteilen Sand, falls keine Fertigmischung zur Verfügung steht, und darf nur „erdfeucht“ verarbeitet werden. Abschließend ist darauf hinzuweisen, dass die DIN 4242 für den Einbau von Glasbausteinen die technischen Details definiert.

49 *Montiertes U-Profil mit Hartschaumstreifen als Dehnungsmedium und in feuchten Leichtbetonmörtel gesetzte Glasbausteine mit Armierungsstab*
50 *Setzen eines Glasbausteins in erdfeuchten Verlegemörtel*
51 *Verfugen der letzten Schicht*
52 *Die Glasbauwand von innen*

52

Zinkblechabdeckung der Flachdachränder

In der Baubeschreibung für das Stadthaus ist definiert, dass die umlaufenden Ränder der Flachdächer (Dach und Terrasse) mit Titanzinkblech abgedeckt sind. Mit dieser Abdeckung erhalten die Flachdach- und Terrassenkanten nicht nur einen ästhetischen Abschluss, sondern sie bietet auch Schutz gegen eine zu intensive UV-Bestrahlung der darunter befestigten Dachdichtungsbahn.

Um den zugeschnittenen und auf der Abkantbank vorbereiteten Blechen eine solide Befestigungsgrundlage zu geben, wurden die Randflächen im ersten Arbeitsgang mit Holzwerkstoff-Streifen abgedeckt und mit den Randbalken verschraubt. Da aber die Bleche nicht verschraubt, sondern nur verklebt werden sollten, kam nur ein Bitumenkleber infrage, der mit einem Zahnspachtel aufzutragen war.

53

53 *Verschrauben der Holzwerkstoffplatte auf dem Randbalken*
54 *In Bitumenkleber gedrücktes Abdeckblech*
55 *Offene Stoßfuge zwischen den Randblechen mit dauerelastischer Fugenmasse ausfüllen*
56 *Stoßfuge mit dem vorbereiteten Nahtblech abdecken*
57 *Montierte Abdeckbleche mit Nahtblech über der Stoßfuge*
58 *Verlöten der Zinkbleche im Eckbereich*
59 *Verlöten der Anschlussbleche zwischen Rundbogen und Randbalken*

55

54

56

Das anschließende Zinkblech wurde dann mit einem Abstand von 5 mm in die Bitumenmasse gelegt; der Abstand ist wichtig, um die Dehnungskräfte bei Temperaturschwankungen aufzufangen. Diese offene Fuge sollte dann mit einer dauerelastischen Fugenmasse großzügig abgedeckt werden, damit das darauf zu befestigende Naht- oder Deckblech die Fugenmasse feuchtigkeitsschützend flach drückt. Abschließend wurden die Anschlussfugen mit der Fugenmasse zusätzlich abgedichtet.
Da diese Stoßfugenabdeckung im Eckbereich nicht notwendig ist und außerdem auch sehr schwierig anzufertigen wäre, reicht eine Lötverbindung, die allerdings ebenfalls professionell auszuführen ist. Der Umgang mit dem notwendigen Flussmittel, die Handhabung des Lötkolbens in Verbindung mit der zu verschmelzenden Lötstange sollte nur dem professionellem Handwerker anvertraut werden. Und das gilt nicht nur für Eckverbindungen, sondern ganz besonders für halbkreisrunde Abdeckprobleme, wie sie auf dem Dachrand des Treppenturms zu lösen waren.

57

58

59

Schwimmender Estrich und Bodenbeläge

Der schwimmende Estrich wurde in konventioneller, arbeitsintensiver Bauweise hergestellt: Im ersten Arbeitsgang waren die Dämmplatten im Versatz auszulegen und mit einer Bitumenpappe abzudecken; eine darauf gelegte flächenstabilisierende Gittermatte wurde später mit dem Estrich verbunden.

Bevor aber mit den Estricharbeiten begonnen werden konnte, waren die Höhenpunkte nochmals zu überprüfen. Dann konnte der erdfeuchte Beton aufgebracht, mit der Plattschaufel grob verteilt und mit dem Richtscheit waagerecht abgezogen werden. Anschließend musste die Fläche mit einem Reibebrett grob geglättet und waagerecht korrigiert werden, um eine einheitliche Höhe von 45 mm zu erreichen. Erst danach begann der letzte Arbeitsgang: das Abziehen der Fläche mit der Glättkelle.

Unabhängig davon, welcher Bodenbelag infrage kommt (Kunststoff, Teppich, Fliesen oder Holz), ist die Austrocknung des Estrich-Bodens mit besonderer Aufmerksamkeit zu kontrollieren. Obwohl auch hierfür eine DIN zu beachten ist, sei empfohlen, nach vier bis sechs Tagen eine Feuchtigkeitsmessung vorzunehmen. Schadenserfahrene Verlegebetriebe bohren oder schlagen hierfür kleine Löcher in die Estrichschicht, um sicherzugehen, dass sie den Bodenbelag nicht nach wenigen Tagen, Wochen oder Monaten wieder herausreißen müssen (Feuchtigkeitsmessgeräte sind im Baufachhandel erhältlich).

Während im Erdgeschoss des Stadthauses ein Stäbchenparkett verlegt wurde, erhielten die beiden Obergeschossböden flächendeckenden Teppichboden, dessen Verlegung in Eigenleistung problematisch wird, wenn professionelle, handwerkliche Erfahrung fehlt: Eine einfache Arbeit ist das nicht! Auslegen, An- und Zuschnitt an Ecken und Kanten ist millimetergenaue Handarbeit. Für den Ausbauwilligen bleibt der Zuschnitt und die Befestigung der Teppichboden-Sockelleiste.

60 *Grobes Verteilen („Verfüllen") des erdfeuchten Betons*
61 *Estrich-Beton mit dem Richtscheit waagerecht abziehen*
62 *Estrich grob vorglätten und mit der Glättkelle abziehen*
63 *Zuschnitt der Sockelleiste*
64 *Millimetergenaues Anpassen des Zuschnitts am Pfosten zwischen Tür- und Fensterelement*
65 *Wohnraum des Stadthauses*

Das Ökohaus

Joachim Eble, Tübingen

Der kreative Prozess

Skizzen und Zeichnungen
Ansichten und Grundrisse

Baubeschreibung und Baumaterialien

Das Brettstapelsystem
Außen- und Innenwände
Decken und Dach

Bau- und Montageablauf

Montagevorbereitungen
Erdgeschoss und Erdgeschossdecke
Obergeschoss- und Dachmontage
Dacheindeckung: Untersichtplatten, Dachbahn und -ziegel
Unterkonstruktion Solaranlage

Fassadengestaltung

Fassadengestaltung 1: Holzschalung
Fassadengestaltung 2: Armierungsputz und Lasur
Fassadenfarbe und Lasur

Innenausbau

Schattenfuge und Parkett
Verkleiden der Innenwände
Parkettverlegen

Der kreative Prozess

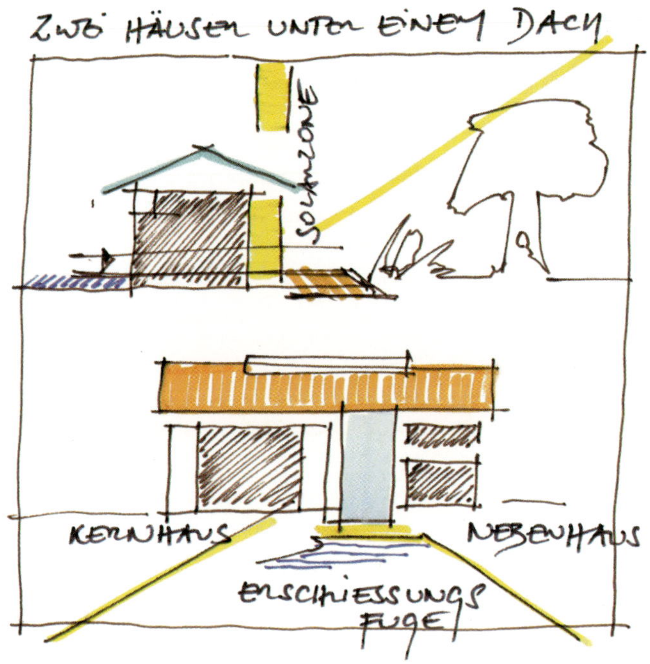

Zeichnung 1 *Zwei Häuser unter einem Dach*

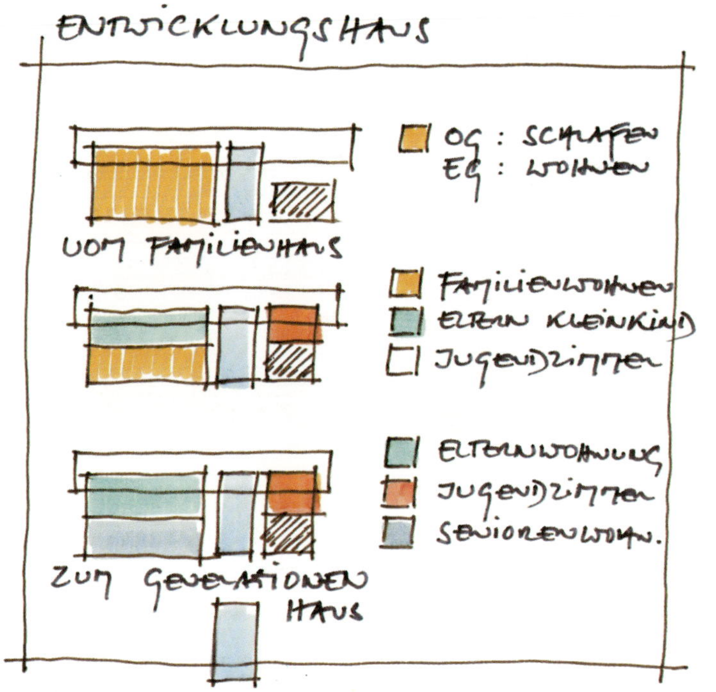

Zeichnung 2 *Entwicklungshaus – vom Familien- zum Generationenhaus*

3a

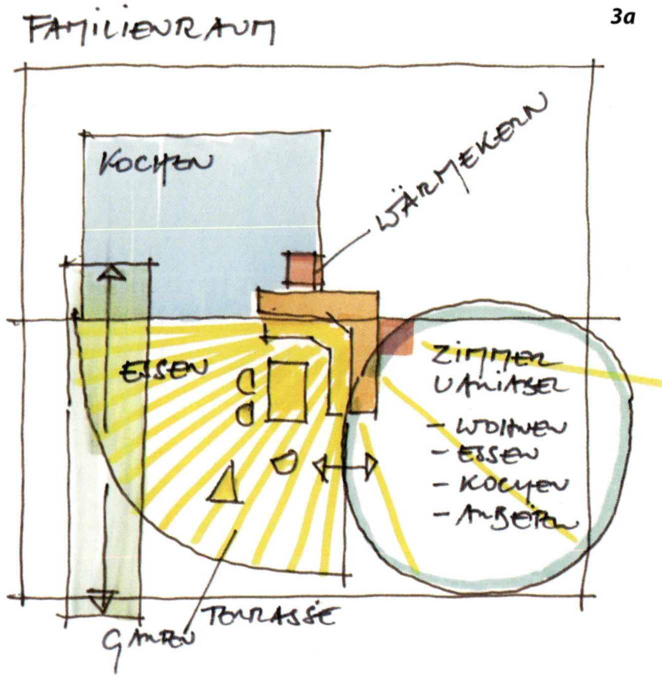

3b

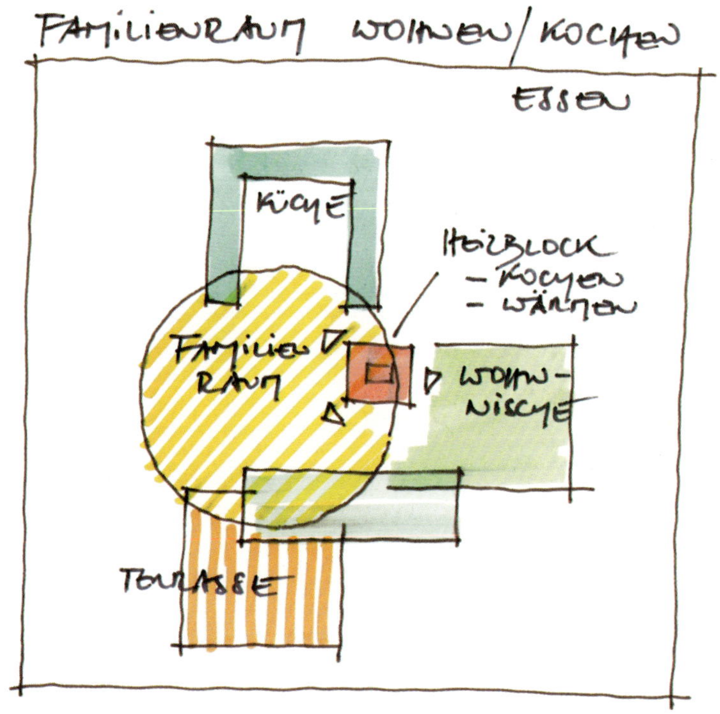

Zeichnung 3 a, b *Familienraum mit Wärmekern*

Skizzen und Zeichnungen

Die Grundidee dieses Hauses hat eine gewisse Ähnlichkeit mit der Konzeption des Generationenhauses der Baufrösche, wobei der Tübinger Architekt Joachim Eble Kernhaus und Nebenhaus nicht in Einzelobjekte trennt, sondern in einem Baukörper vereint. Dabei übernimmt das zweigeschossige Treppenhaus zwischen dem Kernhausteil und dem Nebenhaustrakt eine multifunktionale Erschließungsunktion, wie sie in der Zeichnung 1 angedeutet wird:

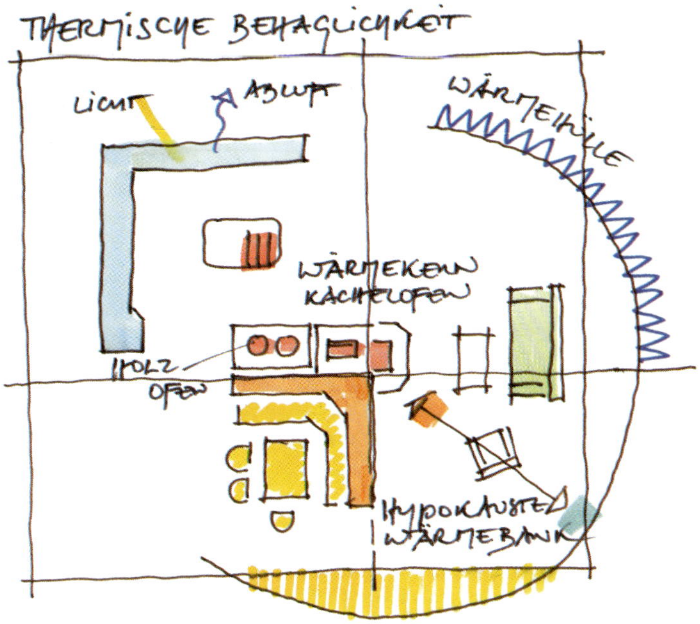

Zeichnung 4 *„Thermische Behaglichkeit" mit Holzbrandofen als Wärmekern*

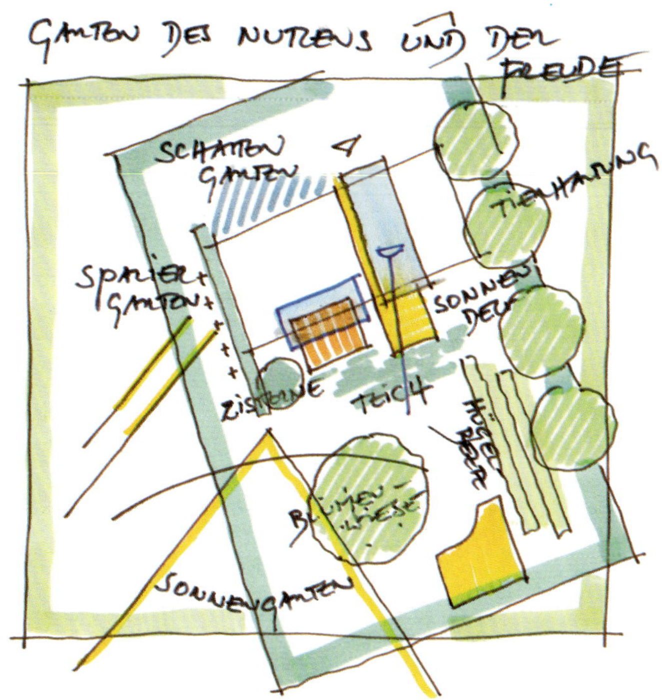

Zeichnung 5 *„Garten des Nutzens und der Freude"*

Interessant ist, dass bereits in dieser Skizze – neben der funktionalen Aufteilung – das Thema Sonnenwärme auftaucht: Auf dem First der unteren Skizze ist die künftige Solaranlage zu erkennen.

„Zwei Häuser unter einem Dach" heißt aber auch eine architektonische Konzeption zu realisieren, die nicht nur das Ein-Familien-Haus, sondern auch das Drei-Generationen-Haus ermöglicht. Ein Entwicklungshaus also, wie Skizze 2 ahnen lässt.

In dem Moment, wo der Architekt den äußeren Bereich des Entwicklungshauses verlässt und sich auf die Intimität des Familienraumes einlässt, wird an eine historische Wärmequelle, den Holzbrandkachelofen, erinnert, die bedauerlicherweise auch in diesem Haus nicht realisiert wurde.

Bedauerlich, da die vom Architekten skizzierten Funktionen eines Wärmekerns im modernen Kachelofenbau nicht nur realisierbar, sondern aus ökologischen und gesundheitlichen Gründen sehr zu empfehlen sind. Der Holzbrandkachelofen ist ökologisch unbedenklich, weil Holzbrandeinsätze mit umweltschonender Abbrandtechnik arbeiten und gesundheitlich zu empfehlen, weil die Strahlungswärme eines Kachel- oder Steinofens ein sehr angenehmes, wohliges Raumklima erzeugt.

Diese Interpretation des kreativen Weges lässt bereits ahnen, dass die Idee des Ökohauses zunächst aus einem familiären Miteinander entstanden ist, das an Großfamilien ländlicher Regionen erinnert, wo der Kachelofen Mittelpunkt des familiären Lebens war und wieder ist.

In der Skizze von Joachim Eble erkennt man seine Absicht, das Alltagleben der Familie auch auf das unmittelbare Umfeld des Hauses auszuweiten: Blumenwiese, Hügelbeet, Spaliergarten und Zisterne ergänzen sich zu einem Nutz- und Erholungsgarten.

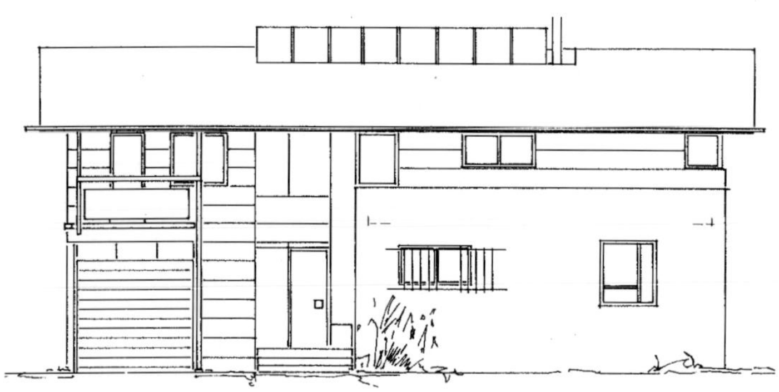

Zeichnung 6 *Entwurfszeichnung für die Nordseite*

Zeichnung 7 *Entwurfszeichnung für die Südseite*

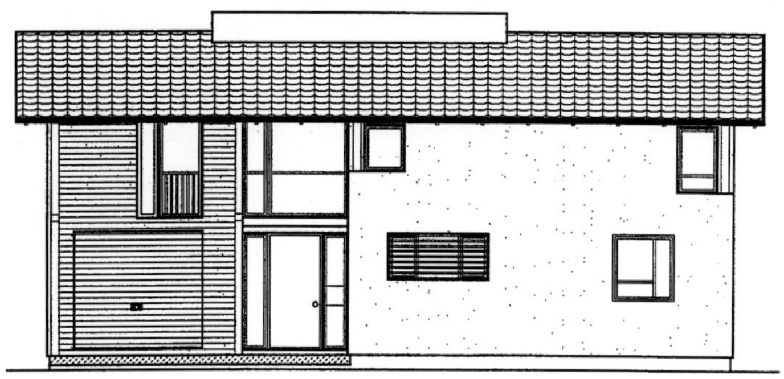

Zeichnung 8 *Nordansicht des Ökohauses*

Zeichnung 9 *Südansicht*

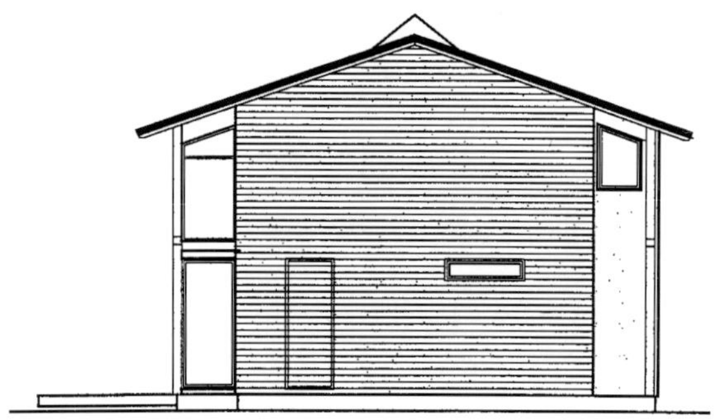

Zeichnung 10 *Ostansicht*

Zeichnung 11 *Westansicht*

Ein sympathisches „Haus-Garten-Lebenskonzept“, das jedoch in Verbindung mit der Holzbrandofenidee die Frage provoziert, ob sich diese Idee in einer stadtnahen Region verwirklichen lässt.
Die Ökohausidee setzte sich – ohne Kachelofen – dennoch durch, was ihre Auszeichnung mit dem zweiten Preis des Stern/Schwäbisch-Hall-Wettbewerbs bezeugt.
Zwei Ansichtszeichnungen aus der Wettbewerbsphase verdeutlichen die Idee der zwei Häuser unter einem Dach (Zeichnung 6 und 7).

Ansichten und Grundrisse

Was in der Zeichnung 6 bereits angedeutet wird, konkretisiert sich in der endgültigen Ansichtszeichnung 8 der Nordseite: Die im östlichen Teil des Hauses integrierte Garage, die Solaranlage auf dem Dach und die unterschiedliche Fassadengestaltung. Hinsichtlich der Garage ist zu vermuten, dass diese Lösung nur eine von verschiedenen Optionen ist; bei entsprechender Grundstücksgröße sollte die Garage separat gebaut werden, um die unterschiedlichen Wohnkonzeptionen (Haupthaus/Nebenhaus) in der Planungsphase durchspielen zu können.

Da die Nordseite des Hauses mit relativ kleinformatigen Fenstern geplant wurde, überrascht es nicht, dass für die Südseite großformatige Fenster- und Türelemente vorgesehen sind, wobei die Balkon- und Terrassentüren überwiegen. Bei der Entscheidung für die Verwendung von Türen scheint nicht nur die Tageslichtführung, sondern auch der Zugang zum Garten beziehungsweise zum durchgehenden Balkon ausschlaggebend gewesen zu sein. Aufgrund des breiten Dachüberstandes dürfte der Balkon auch während eines prasselnden Sommerregens benutzbar sein.

Unabhängig von den Nutzungsmöglichkeiten überrascht wieder die Fassadengestaltung: Während auf der Nord- und Westseite die Putzfassade mit hellgelber Lasur überwiegt, wagt es der Architekt, die Süd- und Ostfassade komplett mit einer trapezförmigen, hellblauen hinterlüfteten Fichtenschalung zu versehen (Montage siehe Seite 135).

Schon ein kurzer Blick auf die Grundrisszeichnungen des Erd- und Dachgeschosses lässt erkennen, wie wichtig das Treppenhaus für das Ökohaus ist: Das Treppenhaus – in der ersten Skizze „Erschließungsfuge“ genannt – trennt und verbindet beide Hausteile, ohne die individuelle Atmosphäre einzelner Wohnräume zu stören.

12

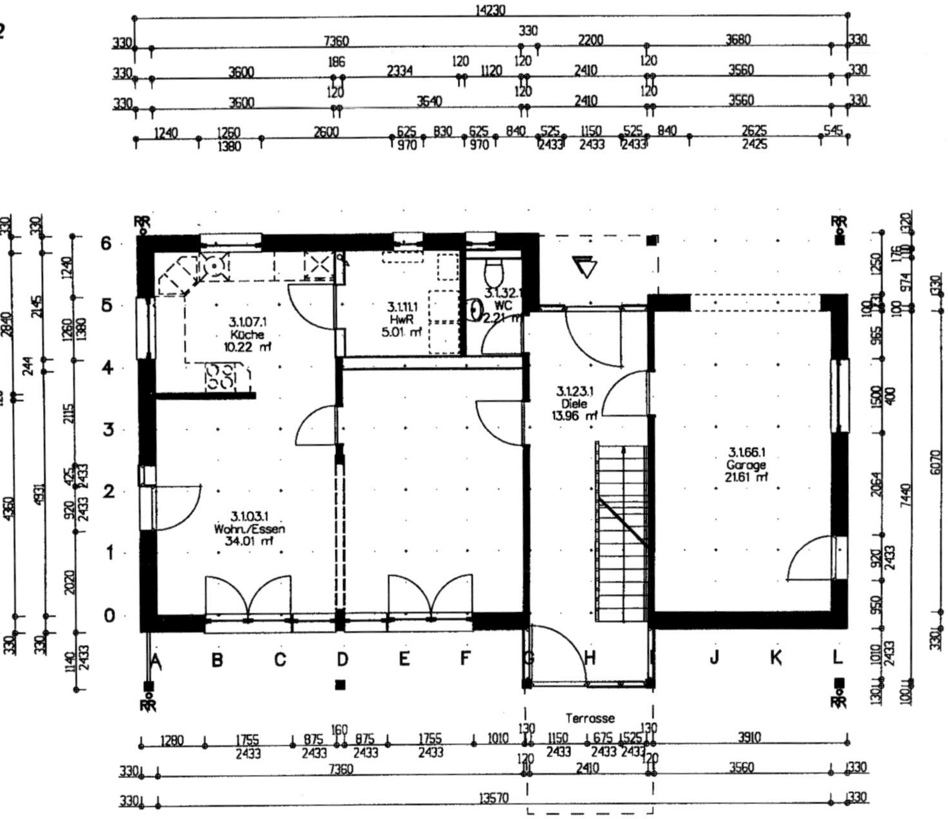

13

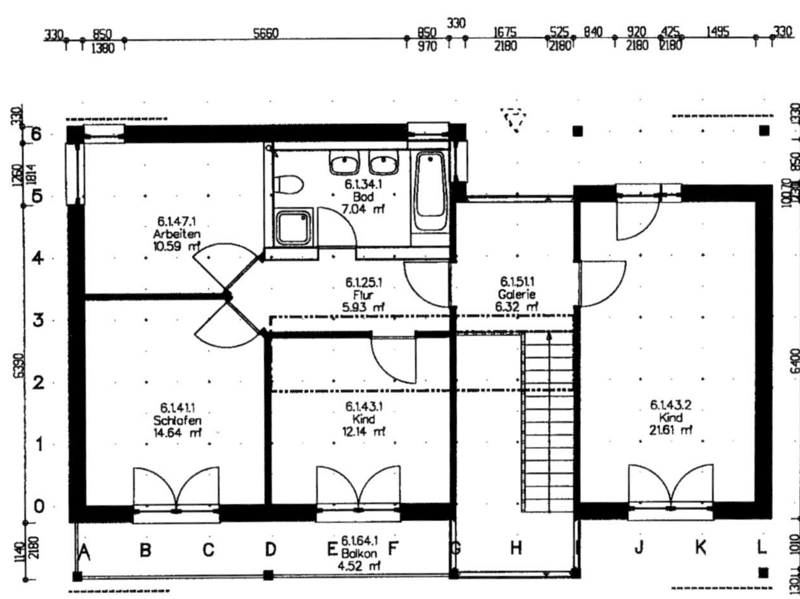

Zeichnung 12 *Grundriss Erdgeschoss*
Zeichnung 13 *Grundriss Dachgeschoss*

Baubeschreibung und Baumaterialien

In der Presseinformation, die anlässlich der Eröffnungsfeier des Wettbewerbs „Wunschhäuser der Deutschen“ im September 1999 herausgegeben wurde, wird das Ökohaus unter anderem wie folgt beschrieben: „Die Prinzipien ökologischen Bauens sind konsequent verwirklicht: von der Baukonstruktion aus Holz in Stapelbauweise über die Warmwasserbereitung mit Solarenergie bis zur Regenwassernutzung.“
Als Appetitanregung mag diese Information zunächst ausreichen, zumal Interessierten die Bau- und Leistungsbeschreibung zur Verfügung gestellt wird, in der die wichtigsten Details definiert sind. Diese umfassen auch „Brettstapelwände“ und „Brettstapeldecken“, die noch zu erklären sind.
Zum ökologischen Standard dieses Hauses gehören neben dem Rohstoff Holz auch Zellulosefaserdämmung, die statt Mineralfaser verwendet werden, und Dichtungsmaterialien aus Flachsfaser und Kork-Kautschuk-Mischungen, die den im Handwerk üblichen Montageschaum ersetzen. Man erwartet dann auch eine Treppe aus massivem Buchenholz, die das Erdgeschoss mit dem Obergeschoss verbindet, und ist angenehm überrascht, dass auch die Bodenbeläge (Buchenparkett und Linoleum) und die Farbtönungsmittel (wasserlösliche Lasuren und Naturharzöle) nach allergiefreien Qualitätsmerkmalen ausgewählt wurden.

Das Brettstapelsystem

Das Brettstapelsystem ist eine Holzelemente-Fertigung, in der getrocknete und gehobelte Bretter ohne Einsatz von Leim der Länge nach vertikal angeordnet zusammengenagelt werden. Über eine computergesteuerte Fertigungsanlage lassen sich Wandelemente für den Innen- und Außenbereich, aber auch Dach- und Bodenelemente bis zu einer Länge von 12 m herstellen; Fertigungsbreite bis zu 2,5 m. Je nach statischer Anforderung kann die Stärke 80–240 mm betragen. In Verbindung mit quermontierten Schwellen und Rähmbalken lassen sich Brettstapelwand-Elemente problemlos auf der Baustelle montieren und sorgen dort, wo sie unverkleidet bleiben, für eine behagliche Wohnatmosphäre. Diese wird besonders dann erreicht, wenn auch die Deckenelemente dieser Bauart entsprechen. Und da der Kern und äußere Mantel des Ökohauses mit Elementen dieses Brettstapelsystems errichtet wurde, sollen die Materialkombinationen der einzelnen Bauteile kurz beschrieben werden.

Außen- und Innenwände

Da die Außenwände des Ökohauses trotz unterschiedlicher Fassadengestaltung einen einheitlichen Wärmedämmwert von k = 0,20 W/(m² K) erreichen sollen, wurden die Wandaufbauten dementsprechend gewählt (siehe S. 123).

Damit nicht der Eindruck entsteht, die Außenwandelemente wären komplett vorgefertigt und nur noch bauseits zu montieren, sei darauf hingewiesen, dass die unterschiedlichen Fassaden auf der Baustelle komplettiert wurden. Wer sich diese handwerklichen Details zutraut, sollte sich vorher mit den Arbeitsabläufen (siehe Seite 135) vertraut machen.
Zu betonen bleibt, dass Brettstapelwände in Kombination mit der Holzrahmenbauweise (Schwelle, Ständer, Rähm) inklusive Wärmedämmung und vorgesetzter Fassade eine bauphysikalisch interessante Variante zu den bisher beschriebenen Wandaufbauten darstellt.

1 *Brettstapelelement (Decke) aus hochkant miteinander vernagelten Brettern (sägerau)*
2 *Senkrecht stehendes Wandelement mit gehobelten und angefasten Brettern*

Der Aufbau der Kernwand ohne Fassade (von innen nach außen):

Kernwandaufbau (ohne Fassade)		
1.	9,5 mm	Naturgipsbauplatte
2.	80,0 mm	Brettstapelwand (und Dampfbremsfolie)
3.	2 x 80,0 mm	Holzrahmenkonstruktion ausgefacht mit 160,0 mm Zellulosefaserdämmung (und diffusionsoffener Windsperre)

Gesamtstärke der Kernwand: ca. 250 mm

Die Fassade mit Putz ist von innen nach außen folgendermaßen aufgebaut:

Fassade mit Putz		
1.	250,0 mm	Kernwand (siehe oben)
2.	50,0 mm	Holzwolleleichtbauplatte
3.	20,0 mm	Mineralischer Putz (zweifach)

Gesamtstärke 320,0 mm;
Wärmedämmwert k = 0,20 W/(m² K)

Der Aufbau der Fassade mit horizontaler Holzschalung:

Fassade mit horizontaler Holzschalung		
1.	250,0 mm	Kernwand (siehe oben)
2.	30,0 mm	Holzwolleleichtbauplatte
3.	25,0 mm	Abstandsleisten
4.		UV-beständige Bitumendachbahn
5.	21,0 mm	Stülpschalung Trapezprofil (mit Schattenfuge)

Gesamtstärke ca. 326,0 mm;
Wärmedämmwert k = 0,20 W/ (m² K)

Bei den Innenwänden wurden zwei Bauarten vorgesehen.

Die Innenwände im Treppenhausbereich (Erdgeschoss und Obergeschoss) sind in der Brettstapelbauweise vorgesehen (Stärke: 80 mm), wobei die Holzkonstruktion vom Treppenhaus aus sichtbar ist, das heißt die Einzelbretter sind gehobelt und die Kanten gefast (siehe Abbildung 2).
Die übrigen Innenwände wurden mit folgendem Aufbau vorgesehen:

Innenwandaufbau		
1.	12,5 mm	Gipsfaserplatte
2.	95,0 mm	Holzrahmenkonstruktion, ausgefacht mit Zellulosefaserdämmplatten
3.	12,5 mm	Gipsfaserplatte

Decken und Dach

Alle Decken im Erdgeschoss sind in Brettstapelbauweise geplant und von unten sichtbar (außer in der Garage), sodass auch hier die einzelnen Bretter gehobelt und gefast sind. Die Holzdeckenstärke beträgt 120 mm.
Für das Satteldach (Neigung 19°) wurden ebenfalls von unten sichtbare Brettstapel-Elemente mit einer Stärke von 100 mm vorgesehen, die bauseitig mit vorgefertigten 160 mm starken Zellulosedämmschalen (inklusive diffusionsoffener Dachbahn) ergänzt wurden.
Der Aufbau (von innen nach außen):

Kernwandaufbau (ohne Fassade)		
1.	100,0 mm	Brettstapeldecke
2.	160,0 mm	Zellulosefaser-Dämmung Diffusionsoffene Windsperre
3.	80 x 80 mm	Lüftersparren
4.	40,0 mm	Lattung Betondachsteine

Wärmedämmwert k = 0,23 W/(m² K)

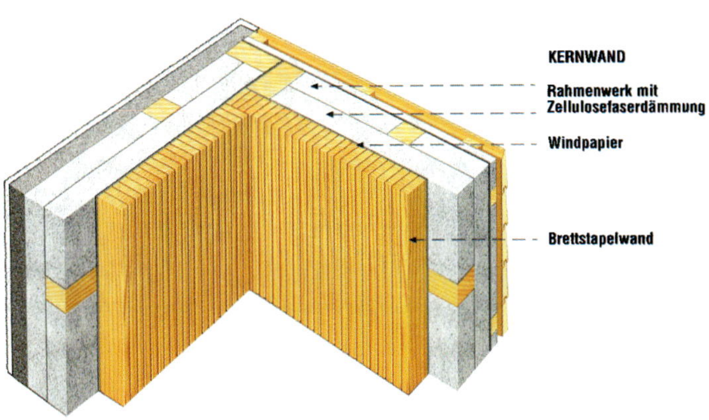

Zeichnung 14 *Außenwandsystem mit sichtbarer Brettstapelwand*

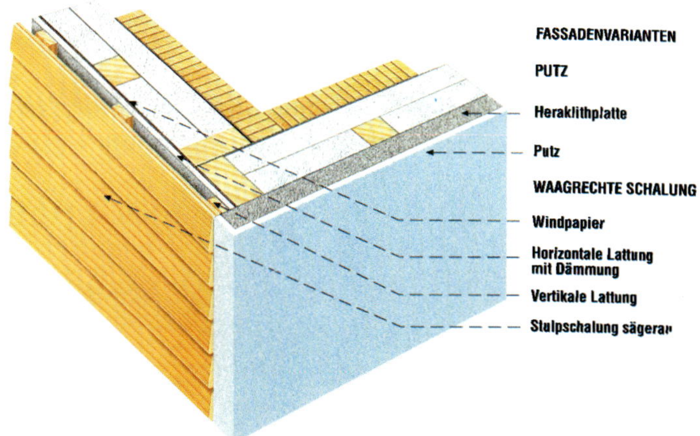

Zeichnung 15 *Außenwandsystem mit sichtbarer Fassadengestaltung*

Bau- und Montageablauf

Montagevorbereitungen

Bei den bisherigen Montagevorbereitungen wurden nur die Setzlinien für die einzelnen Wandelemente mit der Schlagschnur markiert und mit der Montage begonnen. Anschließend wurden die Wandelemente in Lot und mit Ausgleichsplättchen auf gleiche Höhe gesetzt und mit der Kellerdecke verankert.

Anders dagegen die Montagevorbereitung für die Brettstapelwände: Im ersten Arbeitsgang wurden auch hier zunächst die Setzlinien für die Außen- und Innenwände markiert. Darauf folgte die Verankerung der Stahlwinkel in den Beton der Kellerdecke mit Schwerlastdübel. Parallel dazu konnte mit Hilfe eines Nivelliergeräts die absolut waagerechte Grundlinie (Setzlinie) für alle Erdgeschosswände festgelegt und mit Höhenausgleichspunkten aus Eichenholzplättchen nicht nur markiert, sondern auch punktgenau fixiert werden.

3 *Montagevorbereitung auf der Kellerdecke des künftigen Ökohauses*
4 *Festlegen von Höhenpunkten mit dem Nivelliergerät*
5 *Eckpunkt mit nivellierten Höhepunkten und verdübeltem Befestigungswinkel*

Erdgeschoss und Erdgeschossdecke

Wo Brettstapelwände mit oder ohne Dämmschale zu montieren waren, ist in der Grundrisszeichnung zu erkennen. Interessanterweise begann die Montage im Eingangsbereich des Erdgeschosses mit den Wandelementen (1) und (2), deren Brettstapelbauweise von der Diele aus sichtbar bleiben sollte – und zwar vom Erdgeschoss bis in den Firstbereich des Obergeschosses.
Zum Wohnraum hin erhielt das Wandelement (1) später eine Beplankung aus Gipskarton, während die Wand (2) zwischen Diele und Garage aus Brandschutzgründen garagenseitig mit feuerbeständigeren Gipsfaserplatten geschützt werden musste.

6 *Montagebeginn mit dem Innenwandelement (1) (zwischen Diele und Wohnraum)*

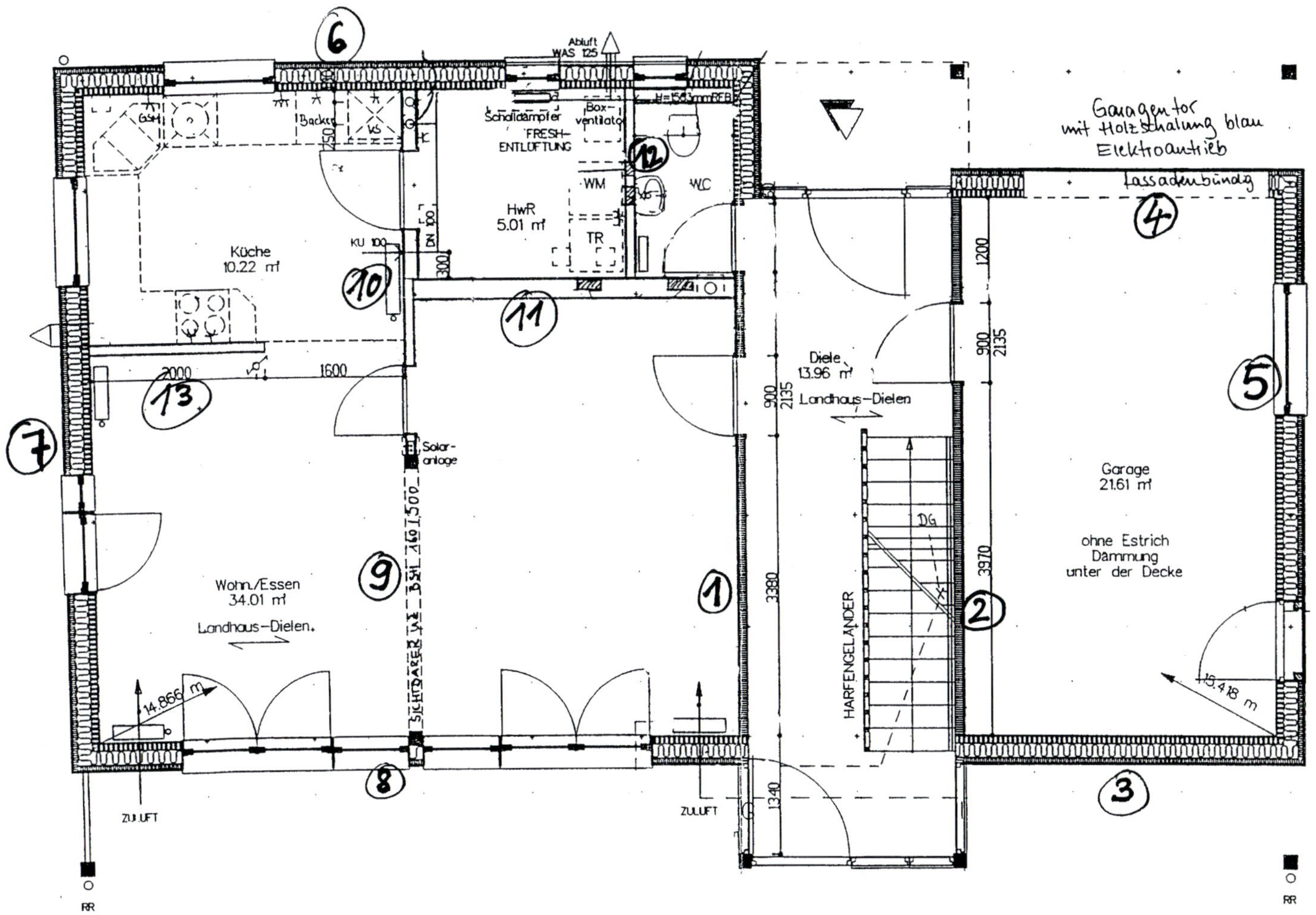

Zeichnung 16 *Grundriss Erdgeschoss Ökohaus mit nummerierter Montagereihenfolge*

7

8

9

Wie aus den obigen Abbildungen zu erkennen ist, sind Wandelemente der Brettstapelbauweise unten und oben mit jeweils einem Vollholzbalken (Schwelle und Rähm) verbunden, die ein flächiges Verziehen verhindern und damit auch eine höhere statische Belastung der Wand zulassen. Zu erwähnen bleibt, dass für die später sichtbaren Holzwände die einzelnen Bretter werkseitig gehobelt und gefast wurden. Die Brettstapelwände, die später mit Gipsbau- bzw. Gipsfaserplatten beplankt wurden, waren werkseitig lediglich sägerau montiert (siehe Abbildung 9). In Abbildung 10 wird bereits deutlich, welche Materialkombinationen mit Brettstapelwänden möglich sind. Interessant ist der hohe Vorfertigungsgrad der einzelnen Außenwandelemente, wie wir später auch bei den Dachelementen erfahren werden.

Dass Brettstapelwände auch mit Leichtbauwänden kombinierbar sind, zeigt Abbildung 11: Im Bereich der Küche, des Hauswirtschaftsraums und der Toilette (Bildmitte rechts) wurden Innenwände in Leichtbauweise montiert, in die ein Teil der Heizungs-, Sanitär- und Lüftungsrohre integriert wurde.

Um Wärmeverluste durch unbeabsichtigte material- oder montagebedingte Lüftungsschlitze auszuschließen, wurden vor der Montage der Deckenelemente alle Außenwände oben mit Dichtungsstreifen versehen. Im Küchen- und WC-Bereich entschied man sich für Kompriband, das auch auf den angrenzenden Innenwänden verlegt wurde, um Lüftungs- und Geruchsproblemen vorzubeugen. In Abbildung 11 wird gerade ein Kompriband auf der Innenwand zwischen Küche und Hauswirtschaftsraum verlegt.

Da die Deckenelemente unten sichtbar bleiben und oben später mit Trittschalldämmung und schwimmendem Estrich versehen werden sollten, ließen sich die Deckenteile zügig montieren; erleichtert auch durch die Nut- und Federfräsungen der zusammenstoßenden Platten.

7 *Türsturz (Ausschnitt) des ersten Wandelements. Oben der durchgehende Rähmbalken; darunter Teil der freigesägten Brettstapelwand*
8 *Vorläufige Stabilisierung der Brettstapelwand mit dem Spreizer*
9 *Der untere Teil der Brettstapelwand mit Schwellenbalken. Im Vordergrund ein Befestigungswinkel*
10 *Montage des Garagentores. Links im Bild eine Brettstapelwand mit Dämmschale*
11 *Montierte Innen- und Außenwände im Erdgeschoss*
12 *Verlegen eines Deckenelements, in Brettstapelbauweise hergestellt*
13 *Brettstapeldecke kurz vor dem Auflegen auf die Außenwände; darunter der Dichtungsstreifen*
14 *Das letzte Deckenelement mit freigefräster Feder an der Anschlussseite*

Obergeschoss- und Dachmontage

Auch für das Obergeschoss wurden die Außen- und Innenwände in Brettstapelbauweise werkseitig vorgefertigt und auf der Baustelle nach dem Grundrissplan montiert. Da die oberen Räume bis zum First ausgebaut werden sollten, waren die Wandelemente der Dachneigung von 19° entsprechend zugeschnitten.

Die bisherigen Abbildungen der Hausmontage mit Brettstapelwänden und Decken verdeutlichen die Vorteile dieses Vorfertigungssystems: Schnelle bauseitige Montage, hohe statische Belastung und die Gewissheit, dass aufgrund der massiven Holzelemente ein sehr angenehmes Raumklima entstehen wird.

Die hohe statische Belastbarkeit dieses Fertigungssystems wurde bereits beim Verlegen der großformatigen, 12 cm starken Deckenelemente deutlich. In Abbildung 17 fällt zusätzlich auf, dass dieses System den klassischen Dachstuhl ersetzen kann, wenn auch die Leichtbau-Innenwände zur statischen Entlastung des Daches beitragen. Deshalb konnten die einzelnen Dachelemente (Brettstapelweise; Stärke 10 cm, ohne Dämmung) problemlos verlegt und verankert werden. Die Unterseite blieb sichtbar.

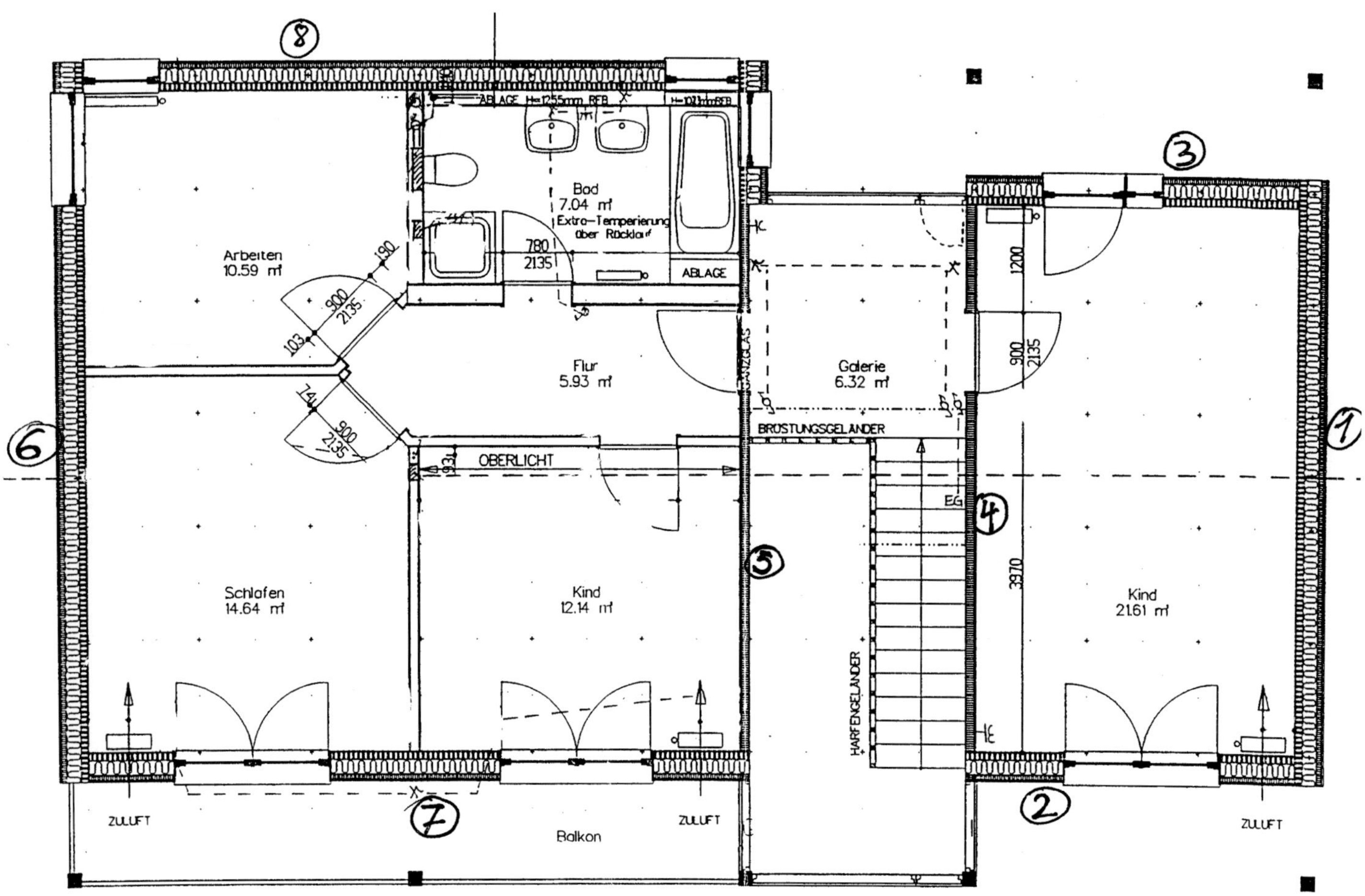

Zeichnung 17 *Grundriss Obergeschoss mit Montagereihenfolge*

15 *Brettstapelwand für den Flurbereich im Obergeschoss. Im Vordergrund das Südelement des Kinderzimmers oberhalb der Garage*

16 *Mit der Brettstapeldecke verschraubte Brettstapelwand, die später mit Gipskartonplatten beplankt wird*

17 *Das Obergeschoss des Ökohauses kurz vor der Dachdecken-Montage*

18 *Dachelement für Nebenhaus und Treppenhaus*

19 *Verschrauben des Deckenelements mit einer Brettstapelwand*
20 *Dachdämmelemente mit doppellagiger Zellulosedämmung und Lüftersparren*
21 *Dämmelement mit Traufen- und Ortgangkonstruktion*
22 *Dachdämmelemente mit Lüftersparen auf der Brettstapeldecke*
23 *Südliche Traufe oberhalb des künftigen Balkons (auf BSH-Träger und Stützen aufliegend)*

19

20

21

22

23

Wie bereits erwähnt wurde, waren die Dachdämmelemente ebenfalls werkseitig vorgefertigt und auf der Brettstapeldecke zu befestigen. Diese Elemente hatten eine Dämmstärke von 160 mm (Zellulosedämmung 80 mm + 80 mm um 90° versetzt verlegt) und waren bereits mit Dachsparren (Lüftersparren) versehen, die im Traufen- und Ortgangbereich oben beidseitig gefälzt sein sollten, um die Sperrholzschalung bündig aufnehmen zu können (siehe Abbildung 24).
In der Bildmitte der Abbildung 20 ist zu erkennen, dass statt des Doppelfalzes eine Leiste befestigt wurde, die den gleichen Zweck erfüllt. Interessant ist auch, mit welcher handwerklichen Präzision das giebelseitige Dämmelement mit der Traufen- und Ortgangkonstruktion verbunden wurde (siehe Abbildung 21).
Noch deutlicher wird der Aufbau der Dämmelemente in Abbildung 22: Untere Längslattung, darauf Querlattung, dazwischen im Versatz die Zellulosedämmplatten und oberhalb dieser Dachdämmung die Sparren.

Dacheindeckung: Untersichtplatten, Dachbahn und -ziegel

Nachdem die Dachdämmelemente verlegt und verschraubt waren, begannen die Handwerker mit der Abdichtung der Dachfläche. Dazu gehörte im ersten Arbeitsgang die Abdeckung der auskragenden Traufen- und Ortgang-Flächen mit vorgeschnittenen Sperrholzplatten (Dachuntersichtplatten).

Wie erwähnt, waren hierfür die auskragenden Sparren beidseitig mit einem Falz beziehungsweise mit einer Leiste versehen, sodass die von unten sichtbaren Dachuntersichtplatten problemlos zwischen die Sparren eingepasst und befestigt werden konnten. Anschließend begann die Abdeckung der gesamten Dachfläche mit einer diffusionsoffenen Unterspannbahn, die von der Traufe zum First überlappend zu verlegen und festzutackern war.

Praktischerweise wird dieser Arbeitsgang mit der Montage der Dachlatten kombiniert, sodass während des Verlegens der Dichtungsbahn sicherer Halt gewährleistet ist.

Beim Verlegen und Abnageln der Dachlatten sollte immer mit einem Abstandshalter gearbeitet werden, um gleichbleibende Abstände von der Traufe bis zum First zu erhalten. In diesem Zusammenhang ist daran zu erinnern, dass Hersteller von Dachziegeln bzw. Dachpfannen praktische Hinweise anbieten, in welchem Abstand die Dachlatten und damit auch die Dachpfannen zu verlegen sind, um eine gleichmäßig eingedeckte Dachfläche zu erhalten. Für die Eindeckung des Ökohauses stand den Handwerkern eine Zeichnung des Herstellers Bien-Zenker zur Verfügung, auf der jede einzelne Dachpfanne und die Unterkonstruktion für die Solarkollektoren eingezeichnet war.

24 *Befestigen der Abdeckplatten im Bereich der südlichen Traufe*
25 *Verlegen und Befestigen der Unterspannbahn; rechts im Bild bereits befestigte Dachlatten*
26 *Verlegen der granitfarbenen Dachpfannen*
27 *Verschrauben der Firstpfanne mit der witterungsgeschützten Firstlatte*
28 *Holzrahmenelemente als Unterkonstruktion für die Solaranlage (auf der Dachfläche liegend)*
29 *Senkrechtes Ausrichten des Q-Rohres*
30 *Mit einer Lüfterklappe abgedecktes Montageloch (Bildmitte)*

Unterkonstruktion Solaranlage

Die Unterkonstruktion für die Solaranlage bestand im Wesentlichen aus zwei 6,5 m langen und ca. 80 cm breiten Holzrahmen, die oberhalb der Firstlinie in Form eines gleichschenkligen Dreiecks montiert werden sollten (Winkel 40°). Um diese beiden Holzelemente sturmsicher befestigen zu können war es notwendig, acht verzinkte Quadratrohre (Q-Rohre, 70 x 40 x 680 mm) mit der Brettstapeldecke durch die Dachdeckung hindurch zu verbinden.

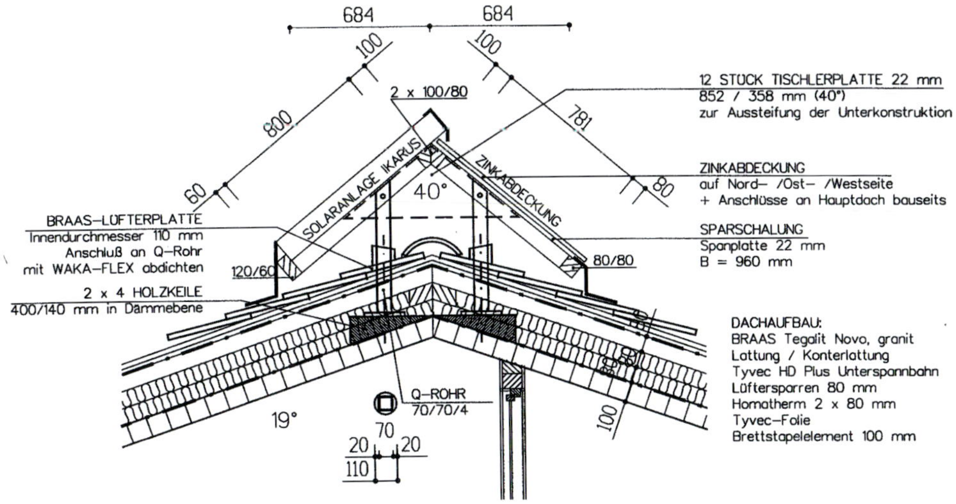

Zeichnung 18 *Vertikalschnitt der Unterkonstruktion für die Solaranlage*

Wie aus der Zeichnung zu erkennen ist, waren zuvor Holzkeile auf der Brettstapeldecke zu befestigen, um die Q-Rohre senkrecht verschrauben zu können. Ein Teil des Firstbereichs musste wieder geöffnet werden, damit Holzkeile und Q-Rohre befestigt werden können. In Abbildung 28 sind bereits montierte Rohre zu erkennen.
Nach Montage der Rohre wurde jedes einzelne Loch wieder mit Dämmung verfüllt, abgedichtet und mit einer Lüfterklappe abgedeckt. Anschließend konnten die zwei Holzelemente mit den Rohren verschraubt, mit Dreieckstischlerplatten ausgesteift und die gesamte Unterkonstruktion mit einer Holzwerkstoffplatte beplankt werden. Zinkabdeckung und Solarmontage erfolgten später.

28

29

30

31

31 *Montage der beiden Holzelemente*
32 *Die komplett mit Holzwerkstoffplatten umhüllte Unterkonstruktion für die Solaranlage*
33 *Die äußere Kernwandfläche mit Holzwolle-Leichtbauplatten beplanken*
34 *Unterkonstruktion für die Holzschalung befestigen*
35 *Wandhohe Lisenen (links in Bild) und blau lasierte Profilbretter*
36 *Montierte Ecklisene, darunter die Bitumenpappe. Links: Sockelabschlussleiste unter Holzwolle-Leichtbauplatten*
37 *Waagerechte Montage des untersten Brettes (mit Abstandsleiste für die Schattenfuge)*

32

Fassadengestaltung

Fassadengestaltung 1: Holzschalung

In der Baubeschreibung wurde bereits auf die unterschiedliche Fassadengestaltung des Ökohauses hingewiesen: Gelb-orangefarbige Lasuren auf der Putzfassade im Norden und Westen des Hauses und blaue Holzschalung im Süden, Osten und dem östlichen Teil der Nordfassade. Da sich dieses Haus auch durch die verwendeten Materialien definiert, soll deren handwerkliche Verarbeitung kurz beschrieben werden.

Für das Gewerk „Holzfassade“ waren folgende Arbeiten zu erledigen, bevor die einzelnen trapezförmigen Fichtenbretter befestigt werden konnten:

1. Wandfläche der Kernwand mit Holzwolle-Leichtbauplatten beplanken
2. darauf Abstandleisten (als Unterkonstruktion für die Holzschalung) befestigen
3. die gesamte Fläche mit gewebeverstärkter Bitumenbahn abdecken

Vor dem Abnageln der Holzwolle-Leichtbauplatten ist es üblich, die waagerechte Montage einer Sockelabchlussleiste aus eloxiertem Aluminium vorzunehmen. Wie die Produktbezeichnung definiert, wird mit dieser Profilleiste nicht nur eine gleichmäßige Unterkante der aufgesetzten Fassade erreicht, sondern sie ist auch gleichzeitig Träger der untersten Plattenreihe und erleichtert die waagerechte Montage aller weiteren Leichtbauplatten.
Nachdem die Unterkonstruktion für die Profilbretter verschraubt und ein Teil der Wandfläche mit schwarzer Bitumenbahn abgedeckt war, wurden zunächst die Ecklisenen montiert.

33

34

36

35

37

39

Die Ecklisenen sind aus 25 mm starken Brettschichtleimholz (BSH) mit einer Deckungsbreite von je 100 mm hergestellt und mit einer Lasur werkseitig eingefärbt worden. Normalerweise werden Ecklisenen erst befestigt, wenn die Holzfassade komplett montiert ist. Da diese Fassade aber nicht als äußere Schale, sondern eher als eine ästhetische Gestaltungsform zu betrachten ist, wurden die Lisenen vorab befestigt und danach mit der Montage der trapezförmigen Fichtenbretter begonnen. Besondere Aufmerksamkeit galt dann dem ersten, untersten Brett, das waagerecht und mit einer Schattenfuge anzubringen war.

Und weil sich die Schattenfuge nicht nur zwischen Lisene und Schalung, sondern auch zwischen den einzelnen Brettern befinden sollte, fertigten die Handwerker eine Abstands- und Bohrschablone an, die den Arbeitsablauf erheblich erleichterte. Denn mit diesem Hilfswerkzeug wurde nicht nur der jeweilige Abstand eingehalten, sondern auch das Vorbohren für die Holzschrauben erleichtert, weshalb die Schablone mit zwei Bohrlöchern versehen war. Das Vorbohren war wichtig um zu verhindern, dass die Holzschrauben das Profilbrett aufspreizen.

40

Fassadengestaltung 2: Armierungsputz und Lasur

Das Ökohaus verdiente diese Bezeichnung nicht, wenn nicht auch für die zu verputzenden Außenwandflächen Holzwolle-Leichtbauplatten als Putzträger verwendet worden wären. Allerdings begannen die Unterschiede zu anderen Fassadengestaltungen bereits bei der Plattenstärke und der Verlegeart.

38

Statt der 3 cm schmalen Holzwolleplatten verwendeten die Handwerker für diese Flächen 5 cm starke Holzwolleplatten, deren erste Lage auf eine fest verankerte Sockelabschlussleiste gesetzt wurde, die Plattenkanten aber mit einem mineralischen Fugenkleber versehen wurden. Interessant ist auch, dass die Platten im Versatz verlegt und erst nach dem Verkleben mit der Kernwand mechanisch verbunden wurden; 90 mm lange Leichtbauplatten-Nägel waren hierfür ausreichend.
Da die mit Holzwolle-Leichtbauplatten beplankten Außenwände mit einem 10 mm starken, mehrlagigen mineralischen Putz versehen werden sollten, war im ersten Arbeitsgang die Sockelleiste entsprechend zu ergänzen. Dafür empfiehlt der Hersteller von Fassadensystemen eine ergänzende Profilschiene, die auf die Sockelleiste aufgesteckt wird.
Ergänzend dazu mussten alle Anschlussfugen an Fenster- und Türlaibungen mit selbstklebenden Anschlussleisten abgedichtet und Eckschutzschienen in die Armierungsmasse eingebettet werden.

38 *Lisene, Abstandsleiste und Schablone mit Bohrlöchern (v. l. n. r.)*
39 *Ostseite des Ökohauses während der Montage der Holzfassade*
40 *Lisene und Holzfassade unterhalb des Ortganges*
41 *Vor dem Abnageln sind die Anschlussflächen der Holzwolle-Leichtbauplatten mit einem mineralischen Kleber zu versehen*
42 *Verklebte Holzwolleplatten sind mit Leichtbauplattennägeln mit den Kernwänden zu verbinden*
43 *Anputzleiste mit Armierungsgewebe am Fensterrahmen (Gewebe wird in die Armierungsmasse gedrückt)*
44 *Unten rechts der sichtbare Teil der Sockelabschlussleiste; links das aufgesteckte Zusatzprofil für den Putz*

41

42

43

44

Für die erste Putzschicht wird die mineralische Armierungsmasse vollflächig mit der Glättkelle in einer Stärke von 5–6 mm auf die Holzwolle-Leichtbauplatten aufgetragen, das Armierungsgewebe (Überlappung mindestens 10 cm) hineingedrückt und die hervorquellende Masse plan gespachtelt.

Für Ecken und Kanten bieten sich Gewebewinkel an, die mit einer Eckkelle in die Armierungsmasse gedrückt und deckend glatt gestrichen werden.

Da der erste Armierungsputz je Millimeter einen Tag austrocknen muss, war eine Trockenzeit von 6 Tagen einzuhalten, bevor die zweite Lage aufgebracht werden konnte. Wie bereits beschrieben, wurde auch diese Putzschicht in Verbindung mit einem Glasfasergewebe flächig aufgetragen und für die Schlussbeschichtung mit einem Mineralputz leicht aufgeraut gelassen.

Die Schlussbeschichtung war ein getönter Mineralputz, der für das Ökohaus hellgelb angeliefert und flächig aufgetragen und nach kurzer Trockenzeit mit der endgültigen Fassadenfarbe versehen wurde.

45

46

47

Fassadenfarbe und Lasur

Um die farbliche Intensität des hellgelb eingefärbten Mineralputzes auf den Fassadenflächen des Ökohauses dauerhaft zu stabilisieren und gegen Witterungseinflüsse zu schützen, wurden die verputzten Wände vor dem Lasurauftrag mit einer diffusionsfähigen, gelben Fassadenfarbe zweimal überstrichen.

Erst danach begannen die Vorbereitungen für den endgültigen Lasuranstrich. Zu diesen Vorbereitungen gehörte übrigens, dass die für diese Aufgabe freigestellte Restaurateurin den orangefarbenen Farbton in Zusammenarbeit mit dem Architektenpaar festlegte und vor Ort, also auf der Baustelle, frisch anmischte und auf fassadengleichen Probeflächen testete, bis der abgestimmte Farbton erreicht war. Da die orangefarbige Lasur nur tupfend-streichend auf die hellgelbe Fassade aufgetragen werden konnte, war auch hier handwerkliche Erfahrung entscheidend.

45 *Mit der Glättkelle wird die erste Putzschicht aufgezogen*
46 *Das Ökohaus mit verputzter Nordwand. Links die Holzfassade*
47 *Das zweite Armierungsgewebe für die zweite Putzschicht*
48 *Abtupfen und Nachmischen der Lasur auf einer Probefläche*
49 *Tupfend-streichendes Auftragen der orangefarbigen Lasur auf den gelben Mineralputz*
50 *Die Nordfassade des Ökohauses: Links die Holz-, rechts die Putzfassade*

50

48

49

Innenausbau: Schattenfuge und Parkett

Verkleiden der Innenwände

Es wurde bereits zu Beginn dieses Kapitels darauf hingewiesen, dass die Brettstapelwände nur im doppelstöckigen Treppenhaus sichtbar bleiben sollten. Alle übrigen Brettstapelwände wurden mit Gipskartonplatten beplankt, wobei zur Decke hin und an Fenster- und Türlaibungen Schattenfugen verbleiben beziehungsweise konstruktiv herzustellen waren.
Interessanterweise ließen sich hierfür jene Sockelabschlussleisten verwenden, die bereits als untere Putzleiste für die Fassadenbeschichtung nützlich waren. Für diesen Zweck wurden die eloxierten Aluminiumleisten nach dem Zuschnitt von Hand festgetackert.
In den beiden Abbildungen 51 und 52 wird auch der Unterschied zwischen den zu verkleidenden Brettstapelwänden und der sichtbar bleibenden Decke deutlich. Weisen die zu beplankenden Brettstapelwände zu starke Tiefenstrukturen auf, lässt sich die Fläche mit Spachtelmasse vor der Montage der Gipskartonplatten grob ausgleichen. Damit ist auch angedeutet, dass die Gipskartonplatten direkt, also ohne Unterkonstruktion, auf die Brettstapelwände getackert und anschließend glatt gespachtelt wurden. Das heißt aber auch, dass zwischen Brettstapelwand und Beplankung kein freier Montageraum für Elektriker und Installateure zur Verfügung steht.
Die kompakte Bauweise von Gipskarton auf Brettstapelwand hat zwar bauphysikalische Vorteile (unter anderem gute Schalldämmung und Feuchtigkeitsregulierung), aber auch handwerkliche Nachteile, insbesondere für Gewerke, in denen größere Löcher in die Brettstapelwand gebohrt oder Leitungsführungen gefräst werden müssen. Steckdosenbohrungen zum Beispiel sind auf 8 cm schmalen mit Metallstiften verbundenen Brettstapelwänden eine sehr frustrierende Arbeit, besonders dann, wenn die andere Seite sichtbar bleiben soll.
Während alle mit Gipskartonplatten beplankten Innenwände nach den Spachtel- und Schleifarbeiten mit einer Glasgewebetapete versehen und geweißt wurden, erhielten die sichtbaren Brettstapelwände und -decken eine wasserverdünnbare Dünnschichtlasur, die den Holzcharakter dieser Flächen auffällig betont.

Parkettverlegen

Normalerweise werden Parkettelemente durch Verleimung in Nut und Feder verlegt. Und es ist üblich, dass der Fußboden vor dem Verlegen des Parketts mit einer Trittschalldämmung versehen wird. Dafür eignen sich 2 - 3 mm starke Rippenpappen, Korkschrotpappen, Korkdämmbahnen und Schaumstoffunterlagen. Das darauf verleimte Parkett entspricht dann einer „schwimmenden Verlegung“, dem schwimmenden Estrich vergleichbar.

51

52

53

Sobald aber die Räume stark beansprucht werden, wird eine vollfähige Verklebung der Parkettelemente empfohlen, sodass eine Trittschalldämmung unnötig wird. Bei dieser Verlegeart entfällt die Verleimung zwischen Nut und Feder; stattdessen wird der Boden für jedes einzelne zu verlegende Parkettelement mit einem Spezialkleber versehen. Dieser Kleber ist mit einem Zahnspachtel aufzutragen.

Fugenfrei anschlagen heißt aber auch, dass die Parkettelemente stirnseitig ebenfalls anzuschlagen sind, um eine sichtbare Fuge zu vermeiden. Hierfür eignet sich ein Montageeisen, das von jedem Parketthersteller empfohlen wird.
Und da diese Parkettart endlos verlegt wird, also der Rest einer Reihe Anfang der nächsten Reihe ist, wiederholt sich der Arbeitsgang, wobei immer ein Abstandskeil zwischen Wand und Element zu verwenden ist. Nach Abschluss der Verlegearbeiten sind die Keile zu entfernen und der Spalt mit einer Sockelleiste abzudecken.

51 *Sockelabschlussleiste als „Schattenfugenleiste" festtackern*
52 *Schattenfugenleiste rechts der Fensterlaibung montiert*
53 *Montierte Gipskartonplatten mit sichtbaren Schattenfugen*
54 *Verspachteln der Gipskartonflächen*
55 *Kleber mit dem Zahnspachtel für einen Parkettstreifen auftragen*
56 *Parkettelement so anlegen, dass Nut und Feder überlappen*
57 *Mit dem Schlagklotz das Element fugenfrei anschlagen*
58 *Endlosverlegung des Parketts; stirnseitig sind die Abstandskeile zu erkennen*
59 *Verlegtes Parkett im Wohnraum des Ökohauses*

Das Variantenhaus

Peter Kulka, Köln

Der kreative Prozess

Die Idee des wandlungsfähigen Hauses
Wände, Fenster, Schiebeläden

Baubeschreibung und Baumaterialien

Außenwände und Decke (Obergeschoss)
Das Pultdach

Bau- und Montageablauf

Erdgeschoss und Decke
Obergeschoss und Pultdach

Innenausbau: Tapeten und Fliesen

Der kreative Prozess

Die Idee des wandlungsfähigen Hauses

Der kreativen Konzeption des Variantenhauses liegen zwei Ideen zugrunde: das Erweiterungspotenzial nach außen und die Wandlungsfähig-keit nach innen. Das Erweiterungspotenzial wird bereits daran deutlich, dass die architektonische Konzeption in drei Varianten angeboten wird: das kleine, das mittlere und das große Variantenhaus. Kaufinteressenten könnten demnach mit kleiner Version beginnen und diese später erweitern. Die Wandlungsfähigkeit des Variantenhauses beginnt mit der klaren Gliederung des Grundrisses in eine nördliche „Erschließungs-“ und eine südliche „Wohnzone“. Die fast 2,5 m breite Erschließungszone geht über die gesamte Hausbreite und gliedert sich in Eingangsbereich, Flur einschließlich Treppe, Abstellraum und Bad. Eine durchgehende Innenwand mit praktischen Schiebetüren trennt diesen Multifunktionsbereich vom großzügigen, ebenfalls hausbreiten Wohn- und Essraum im Süden des Hauses. Im Obergeschoss wiederholt sich die hausinterne Infrastruktur: Treppe, Flur, Bad und Abstellkammer im Norden; zwei Kinderzimmer und das Schlafzimmer der Eltern im Süden. Der Aufbau ist klar, schlicht, schnörkellos.

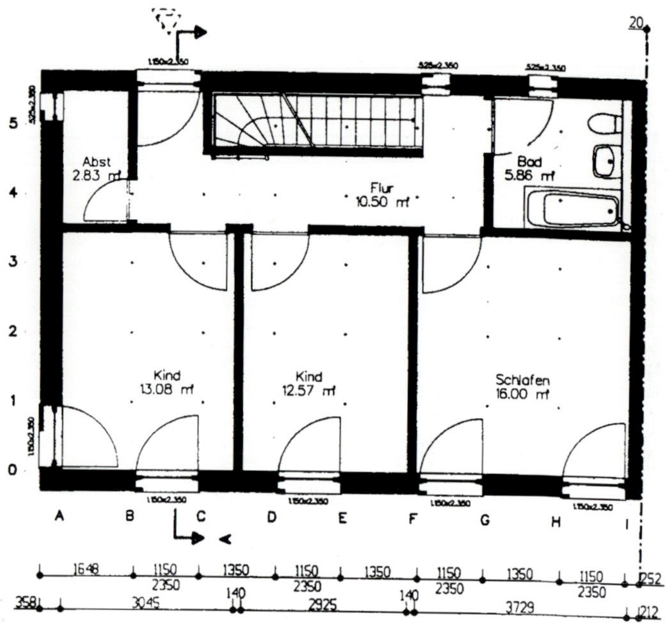

Zeichnung 2 *Grundriss Obergeschoss*

Und da diese Einfamilienhaus-Konzeption auch in der kleinen Version realisierbar ist, zeigen wir die analogen Grundrisszeichnungen zum Vergleich.
In beiden Erdgeschossgrundrissen sind Küche und Wohn-/ Essbereich in einem Raum zusammengefasst. Wem diese offene Konzeption nicht gefällt, kann die Küche problemlos durch eine Zwischenwand mit gläserner Schiebetür vom übrigen Raum trennen. Gleiches gilt natürlich auch für den östlichen Teil des Hauses, in dem ein Arbeitsraum möglich wäre.

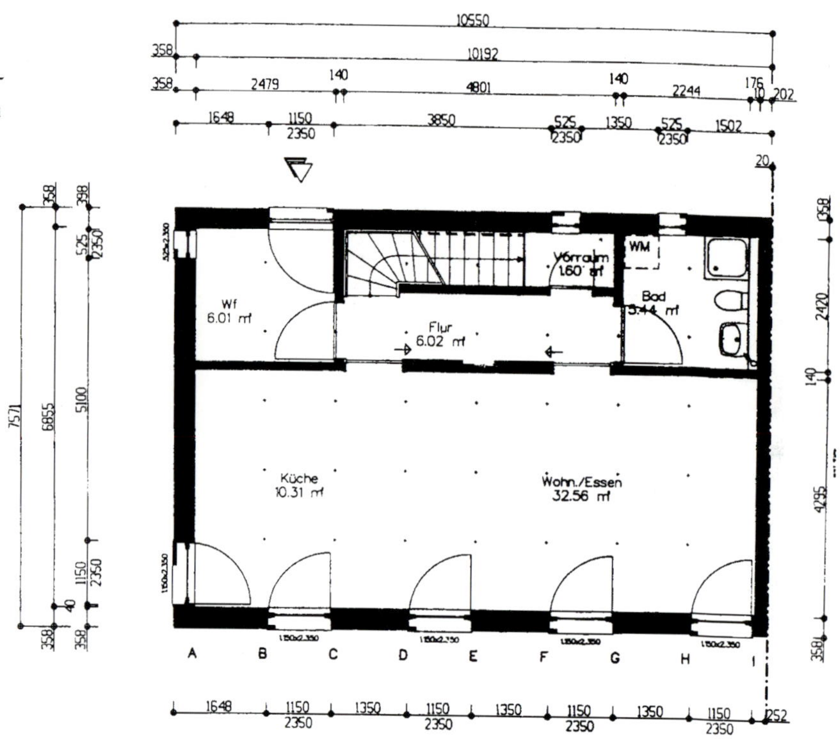

Zeichnung 1 *Grundriss des mittelgroßen Variantenhauses (Erdgeschoss)*

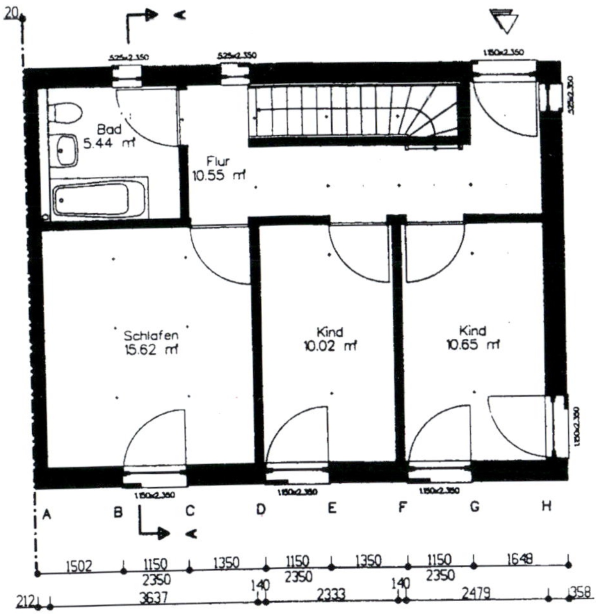

Zeichnung 4 *Grundriss Obergeschoss*

1 *Geschosshohes Fenster mit gleichhohem, bereits angeschobenem Fenster-Schiebe-Laden (rechts)*

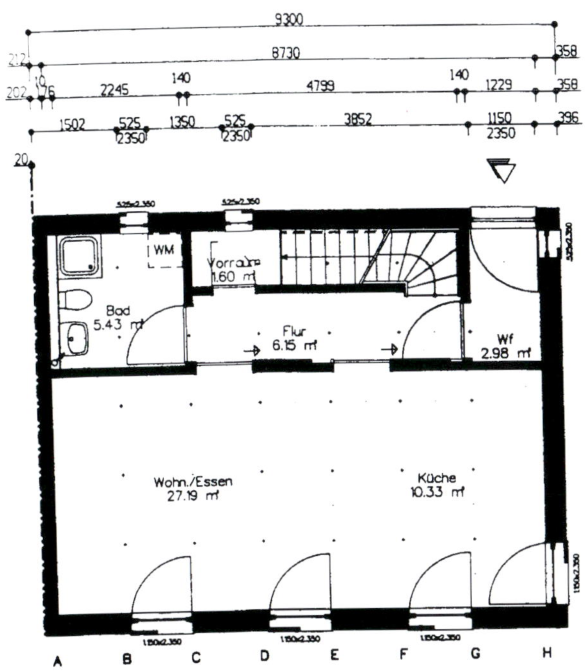

Zeichnung 3 *Grundriss (Erdgeschoss) des kleinen Variantenhauses*

Wände, Fenster, Schiebeläden

Zur Wandlungsfähigkeit des Variantenhauses gehören auch die geschosshohen Fenster und Türen mit ihren korallenroten Zargen und Rahmen, die mal sichtbar, mal verdeckt sind – je nachdem, wie die Fensterläden von den Bewohnern bewegt werden. Diese Fensterläden sind fassadenbündige und ebenfalls geschosshohe Schiebeläden wie die Hausfassade aus Baufurniertafeln, die sich wie Schiebetüren bewegen lassen und jedem Hausbewohner die Möglichkeit bieten, den Licht- oder Sichteinfall jedes einzelnen Fensters selbst zu bestimmen. Abgesehen von der damit verbundenen optischen Verwandlung der Außenfassade des Hauses ist auch der Energieaspekt interessant: Schattenspender im Sommer, Sonnenwärme im Winter und die Abschottung gegen kalte Nächte.
Am Beispiel der Ostansicht sei die äußere Wandlungsfähigkeit vereinfacht dargestellt:

Diese Wandlungsfähigkeit gilt natürlich für alle Außenwände, wobei die Fensterformate dem mitteleuropäischen Klima angepasst wurden: In der Nordfassade 52,5 cm schmale und in der Südwand 115 cm breite Fenster. Dies illustrierten Abbildungen 2 und die Zeichnungen 6 und 7 des Doppelhauses:Schon die ersten Abbildungen veranschaulichen die einfache Konzeption dieses Haustyps: Einheitliche Fassadengestaltung durch standardisierte Fenster auf der Nord- und Südseite, gleichformatige, druckimprägnierte Baufurniertafeln mit umlaufenden Abdeck-/Abtropfblechen. Ergänzend steht das Pultdach mit sichtbaren Sparrenköpfen im First- und Traufenbereich.

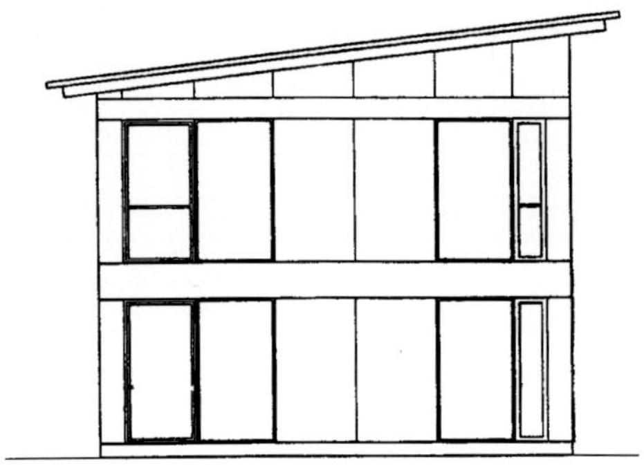

Zeichnung 5 *Die Ostansicht des Variantenhauses. Stark eingerahmt die Schiebetüren*

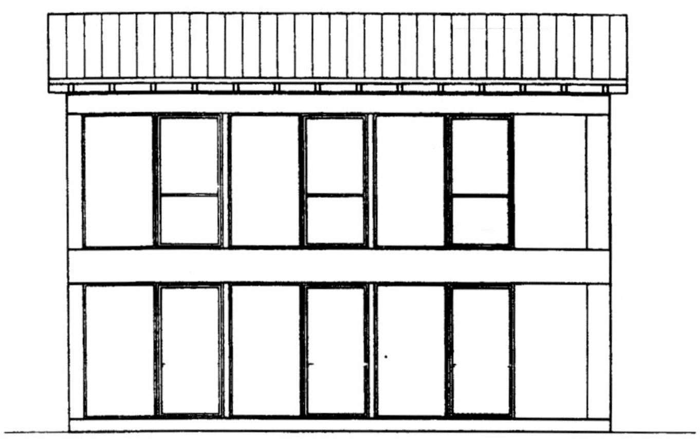

Zeichnung 6 *Südansicht des kleinen Variantenhauses*

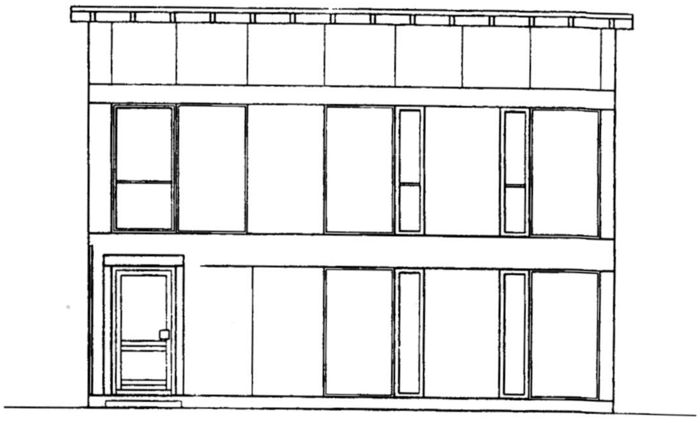

Zeichnung 7 *Nordansicht des kleinen Variantenhauses*

Baubeschreibung und Baumaterialien

Außenwände und Decke (Obergeschoss)

Auch das Variantenhaus ist ein Niedrigenergiehaus, da die Außenwände und die Decke über dem Obergeschoss mit Wärmedämmwerten aufwarten, die zwischen 0,18 (Decke) und 0,20 (Wände) liegen. In der Außenwand wird dieser Wärmedämmwert k = 0,20 W/(m^2 K) mit folgendem Wandaufbau erreicht (von innen nach außen):

Aufbau der Außenwand		
1.	12,5 mm	Gipsfaserplatte
2.		Dampfdiffusionsbremse
3.	160,0 mm	Holzrahmenkonstruktion mit mineralischer Wärmedämmung
4.	15,0 mm	Gipsfaserplatte
5.	60,0 mm	Unterkonstruktion/Dämmung
6.		Feuchtigkeitssperre
7.	80,0 mm	Unterkonstruktion für die Vorsatzschale aus
8.	19,0/28,0 mm	starken Baufurnierplatten (Fassade)

Interessant ist hierbei nicht nur der herstellertypische Kernwandaufbau (1–6), sondern auch die Fassadengestaltung (7–8), also die dafür notwendige Unterkonstruktion und Beplankung mit druckimprägnierten Baufurniertafeln. Innerhalb dieser Fassade (Vorsatzschale) waren die Schiebeläden fassadenbündig zu montieren. Aufgrund ihres geschosshohen Formats und dem damit verbundenen Gewicht (vier Handwerker waren nötig, um einen Schiebeladen zu montieren) müssen Führungsschienen sehr stabil verschraubt werden.

Da das Dach als Kaltdach vorgesehen war, musste die Wärmedämmung in die Decke des Obergeschosses gelegt werden. Um den Wärmedämmwert von k = 0,18 W/(m^2 K) zu erreichen, war es notwendig, die Zwischenräume der 240 mm hohen Deckenbalken in gleicher Dicke mit mineralischer Dämmung auszufachen. Der Aufbau von unten nach oben:

Aufbau der Obergeschossdecke		
1.	12,5 mm	Gipsbauplatte
2.		Dampfbremsfolie
3.	20,0 mm	Unterkonstruktion
4.	240,0 mm	hohe Deckenbalken ausgefacht mit 240 mm Dämmung
5.	22,0 mm	Holzwerkstoffplatte

2 Nordansicht des Variantendoppelhauses; links die kleinere, rechts die mittelgroße Version

3 Der Wandaufbau der Außenwand des Variantenhauses; links die Innen- rechts die Außenseite

4 Konterlattung auf Unterspannbahn (und Sparren) vor der Dacheindeckung

8

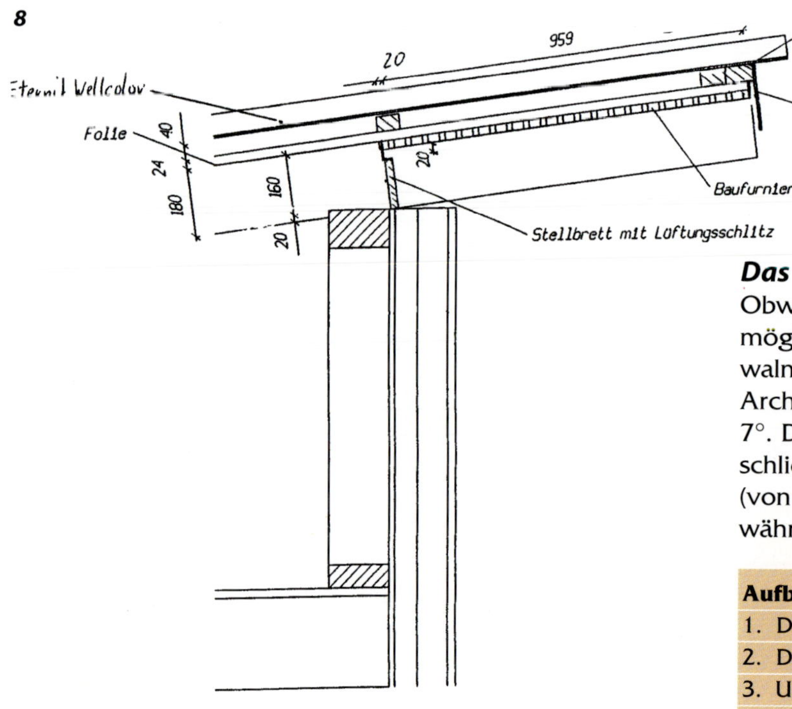

Das Pultdach

Obwohl Pultdächer in den unterschiedlichsten Formen möglich sind – trapezförmig, mit Grat oder Kehle, abgewalmt oder mit gebogener Traufe – entschied sich der Architekt für das einfache Pultdach mit einer Neigung von 7°. Dachform und verwendete Materialien entsprechen der schlichten Solidität dieses Hauses. Der Aufbau im Detail (von oben nach unten) mit einer ergänzenden Abbildung während der Dacharbeiten:

Aufbau des Pultdachs
1. Dacheindeckung mit naturgrauen Eternit-Wellcolor-Platten
2. Dachlattung/Konterlattung
3. Unterspannbahn auf
4. Sparren mit einem Querformat von 180 x 80 cm

(Siehe dazu auch Abbildung 4, S. 147)

Ein interessantes technisches Detail liegt darin, dass die von unten sichtbaren First-, Traufen- und Ortgangflächen nach der Dachmontage mit weißlasierten Baufurniertafeln versehen wurden. Dazu folgende Zeichnungen:

9

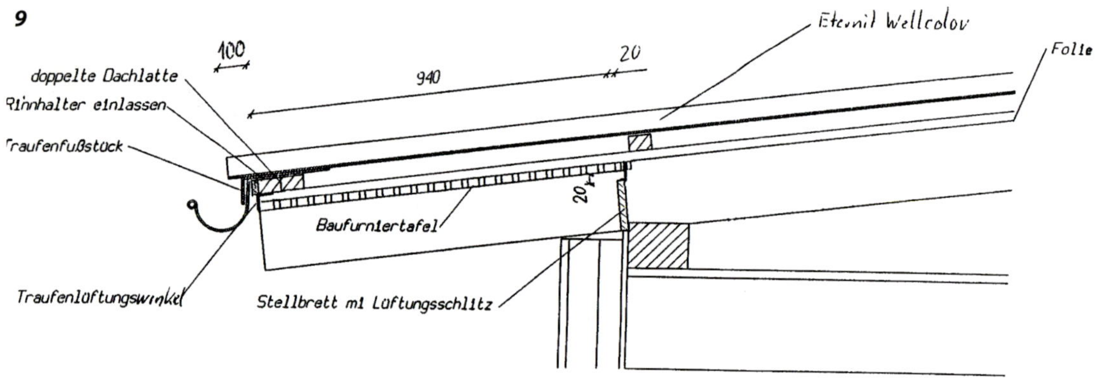

10

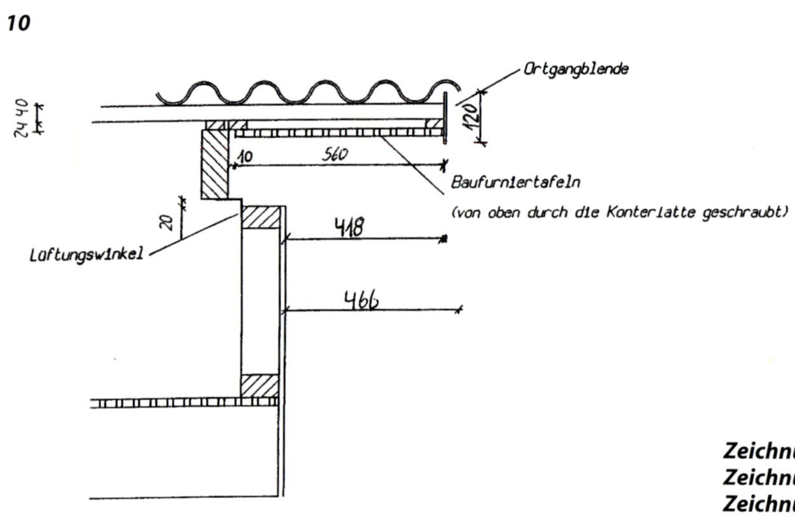

Zeichnung 8 *Firstausbildung*
Zeichnung 9 *Traufenkonstruktion*
Zeichnung 10 *Ortganggestaltung*

Bau- und Montageablauf

Erdgeschoss und Decke

Nachdem die Setzlinien für die Innen- und Außenwände geschlagen und die Höhenunterschiede auf der Kellerdecke mit Sperrholzplättchen ausgeglichen waren, begann die Montage der ersten Wand, also der Gebäudetrennwand des kleineren Variantenhauses, das im ersten Bauabschnitt montiert werden sollte. Auf Abbildung 5 ist die Trennlinie (in Kopfhöhe der Handwerker) auf der Kellerdecke zu erkennen.

Eine Wand, drei Handwerker, ein vierter im Hintergrund: Teamwork! Zwei Handwerker justieren die Wand lotrecht; rechts davon werden die Transportlaschen demontiert und im Hintergrund der Höhenausgleich für die Wände des anschließenden Hauses vorbereitet.

Bevor die im Montageplan vorgesehene Südwand mit der Trennwand verschraubt werden konnte, war es notwendig, den äußersten Vollholzständer freizulegen, um ihn mit dem Eckständer der Südwand verschrauben zu können. Zum besseren Verständnis dieses Montagedetails sei auf die stumpfe Eckverbindung beider Wände (1 und 2) im Montageplan hingewiesen (siehe Seite 151).

5 Höhenausgleich der Setzflächen mit Sperrholzplättchen
6 Montage der Westwand (Gebäudetrennwand) des kleineren Variantenhauses
7 Die komplette Südwand (ohne Fensterschiebeläden) am Haken, während die Trennwand für die Schraubverbindung vorbereitet wird

Neben der Montagefolge für die einzelnen Außen- und Innenwände wird in Zeichnung 11 erstmalig angedeutet, wie der Wohn- und Essbereich aufzuteilen ist. Im rechten Teil der Zeichnung ist die Küche eingezeichnet, deren Bereich zusätzlich durch die dort zu verlegenden Fliesen gekennzeichnet ist.

Doch zurück zur Montage: Anstatt nach der Südwandmontage (2) die komplette Innenwand (3) aufzustellen, entschied sich der Kolonnenführer für die Montage der östlichen Außenwand (4), um anhand des Diagonalmaßes (11,10 m; in der Zeichnung unten links markiert) die Rechtwinkligkeit des Erdgeschosses millimetergenau zu gewährleisten. Nachdem der rechte Winkel der Wände (2) und (4) festgelegt und die Wände lotrecht fixiert waren, konnten die Innenwände (3, 5, 6, 7) und die nördliche Außenwand (8) gesetzt werden. Die Installationswand (9) wurde erst montiert, nachdem die Nordwand mit den beiden Außen- und Innenwänden verschraubt war. Dazu eine Gesamtansicht und zwei Detailaufnahmen in Abbildungen 10, 11 und 12.

8 *Montage der Südwand an die westliche Gebäudetrennwand*
9 *Die Ostwand des kleinen Variantenhauses. Links die Tür zum Carport; rechts das schmale Flurfenster*
10 *Die gesetzte Nordwand mit der geschützten Eingangstür (links)*

8

10

9

Nachdem alle Innen- und Außenwände lot- und waagerecht miteinander und mit der Kellerdecke verbunden waren, begann die Montage der Erdgeschossdecke. In Abbildung 14 ist bereits ein Teil des Eingangs- und Küchenbereichs abgedeckt. Noch zu erkennen ist das Treppenloch, ein Teil des Flures und im Hintergrund das Bad.

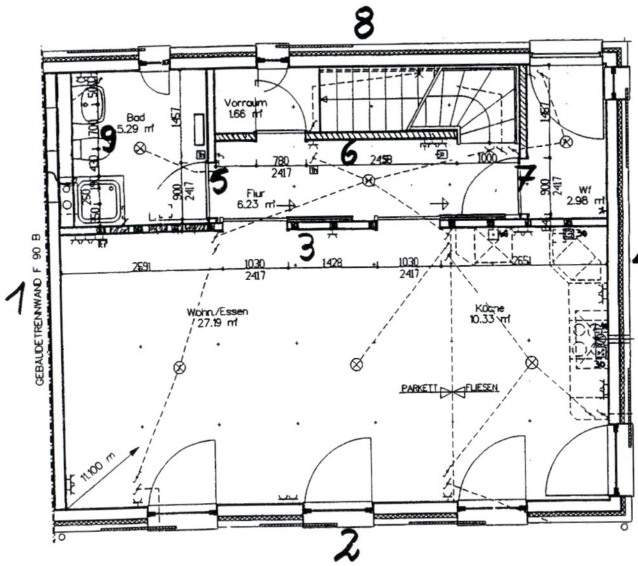

Zecihnung 11 *Montageplan für das Erdgeschoss des kleinen Variantenhauses*

11 *Der Eckstoß der nördlichen (8) und der östlichen Wand (4), der später mit einer Ecklisene abgedeckt wird*

12 *Konstruktionsdetails im unteren Bereich der Eingangstür (der äußere Teil der Türzarge ist noch mit Sperrholz geschützt)*

13 *Montage des zweiten Deckenelements (Erdgeschoss)*

Obergeschoss und Pultdach

Während der Wand- und Deckenmontage des kleineren Variantenhauses begann bereits die Montage des direkt anschließenden mittelgroßen Teils des Doppelhauses, dessen Grundriss um ein Raster (125 cm) breiter werden sollte, ansonsten aber die gleiche Raumstruktur erhielt.
Analog der ersten Arbeitsabläufe begann auch die Geschossmontage oberhalb des kleinen Variantenhauses, wobei sich die Erschließungszone im Norden wiederholte, während der südliche Teil in Eltern- und Kinderzimmer aufzuteilen war.
Die darauf folgende Deckenmontage sei nur kurz erwähnt, da sich die Arbeitsabläufe wiederholen (vgl. Abbildungen 14 und 15). Wichtig ist, dass die Obergeschossdecke die Wärmedämmung des Kaltdachs zu übernehmen hatte, weshalb eine 240 mm starke Dämmung vorgesehen war. Und weil die Pultdachkonstruktion ein Kaltdach vorsah, wurde das abgedeckte Obergeschoss mit den Elementen der Pultdachkonstruktion aufgestockt. Dazu gehörten die im 7°-Winkel vorgefertigten Außen- und Trennwandelemente und das nördliche Außenwandsegment, in dem die Firstpfette integriert war. Um die vorgefertigten Dachflächen mit einer Gesamtlänge von 9,22 m standsicher verlegen und befestigen zu können, musste vorher für jede Haushälfte ein Mittelpfetten-Element aufgestellt werden, um die Dachlasten des Doppelhauses dauerhaft mit abzufangen. Dafür war es statisch notwendig, die jeweils hausbreiten Elemente mit der Obergeschossdecke, den Außenwand- und den mittleren Trennwandelementen zu verankern. Anschließend konnte die Montage der Dachflächen-Elemente beginnen.

15

Bevor das Dach mit großformatigen Eternitplatten eingedeckt werden konnte, waren Regenrinnenhalter, die Regenrinne und das Traufenkantenblech zu befestigen (siehe auch Zeichnung 9). Dazu gehörte auch, den Fallrohranschluss an der Regenrinne exakt festzulegen, um einen einheitlich senkrechten Verlauf des Fallrohrs zu erhalten.

14 *Deckenmontage im hinteren Teil des Doppelhauses*
15 *Das komplett montierte Erdgeschoss des Doppelhauses mit dem teilmontierten Obergeschoss des kleineren Hausteils im Vordergrund*
16 *Innenwandmontage im Bereich der oberen Erschließungszone; hier die Befestigung der Innenwand zwischen Treppe (rechts) und Flur (links)*
17 *Das Mittelpfetten-Element für den Dachteil des kleineren Variantenhauses. Die Unterkonstruktion des Pultdaches: Im Vordergrund das östliche Außenwandelement. In Bildmitte die doppelte Trennwand. Rechts das nördliche Wandsegment. Im Hintergrund das westliche Außenwandelement*
18 *Mit der mittleren Gebäudetrennwand verschraubtes Mittelpfetten-Element*
19 *Beginn der Dachmontage mit vorgefertigten Dachelementen*

Um zu verhindern, dass Feuchtigkeit wie Regen, Schnee oder Hagel durch Winddruck unter die Wellcolor-Platten gedrückt wird, empfiehlt der Plattenhersteller, die Traufkante vorher mit gleichgeformten Traufanschlüssen zu versehen. Diese Traufanschlussprofile werden mit der unteren Konterlatte verschraubt und mit einem Dichtungsstreifen versehen, bevor die Dachplatten darauf verlegt und verschraubt werden.
Der gleiche Witterungsschutz gilt natürlich auch für die Ortgänge und den First, der aber erst nach der Dacheindeckung realisierbar war.
Während für die Ortgänge schmale Ortgangblenden montiert wurden, empfiehlt der Hersteller für die Abdichtung der Firstplatten so genannte Traufenzahnleisten (siehe auch Zeichnung 8), deren Profil der Wellenform angepasst ist, sodass eine relativ hohe Dichtigkeit gewährleistet ist.
Nachdem die Dacheindeckung abgeschlossen war, konnte sich das Montageteam auf jene Feinarbeiten konzentrieren, die die äußere Fassade des Varianten-Doppelhauses komplettierten: Dazu gehörte das Dämmen und Verkleiden der offenen Kanten der Geschossdecken und die Montage der Ecklisenen an den Außenwandstößen.

20

21

22

23

20 *Fallrohrtrichter auf der Regenrinne markieren, Öffnung freischneiden und später miteinander verlöten*
21 *Regenrinne (rechts), Traufanschlussprofil mit Dichtungsband (links) und die Eternitplatte (oben)*
22 *Handwerker beim Verlegen der Wellcolor-Platten auf dem Variantenhaus*
23 *Verschrauben der Traufenzahnleiste am First des Variantenhauses*

Innenausbau: Tapeten und Fliesen

Da die Variantenhäuser auch als Ausbauhäuser angeboten werden, wobei der Umfang der Eigenleistungen vertraglich festzulegen ist, sollen hier nur zwei Gewerke des Innenausbaus angesprochen werden, die offenbar zu den Domänen handwerklich begabter Eigenheimbesitzer gehören: Tapezieren/Malen und Kacheln/Fliesen verlegen. Hier die wichtigsten Arbeitsgänge:

Bevor die Maler mit den Tapezierarbeiten beginnen konnten, waren alle Flächen fugenlos gespachtelt, geschliffen und grundiert.

Sobald Tapeziertisch und Arbeitsbühne installiert sind, beginnt ein Arbeitsablauf, der nur im Team möglich ist und jedes Fitnessstudio erblassen lässt.

Selbstverständlich erklären diese wenigen Abbildungen nicht das weite Spektrum präziser Tapezierarbeit, zumal wichtige Detailprobleme (Stöße, Ecken, Öffnungen usw.) nicht angesprochen sind. Dennoch sei hiermit der Hinweis gestattet, die Teamidee nicht zu vernachlässigen, falls Eigenleistungen gewagt werden. Die Wandflächen wurden ebenfalls mit der feinstrukturierten Glasfasertapete versehen und nach der Trockenphase weiß gestrichen. Im Gegensatz zu den Tapezier- und Malerarbeiten, die überwiegend in Teamarbeit ausgeführt werden, ist das Verlegen von Boden- und Wandfliesen ein einsamer Job. Hier kann das Auge die Wasserwaage und das Winkeleisen ersetzen und das Aussehen gefliester Flächen entscheidend bestimmen. Dies veranschaulichen einige Beispiele aus dem Variantenhaus (Abb. 28-30).

25 *Sobald der Tapetenleim angerührt und die Tapete auf Länge geschnitten ist, wird die Verlegefläche mit dem Kleber versehen, die Glasfasertapete angesetzt …*

25

26 *… mit dem Tapezierspachtel drückend glattgestrichen …*

27 *… und die nächste Bahn vorbereitet: Teamarbeit im abgestimmten Arbeitsrhythmus*

28 *Verlegen von Badkacheln nach Augenmaß (ohne Distenzhilfen!)*
29 *Diagonal verlegte Bodenfliesen im Bad des Variantenhauses (Erdgeschoss)*
30 *Orthogonal (rechtwinklig) zu verlegende Feinsteinzeugfliesen im Küchenbereich des mittelgroßen Variantenhauses*
31 *Der große Raum im Erdgeschoss. Rechts unten die Feinsteinzeugfliesen; links davon das Stäbchenparkett – in dieser Kombination sicherlich ein gestalterisches Wagnis*

29

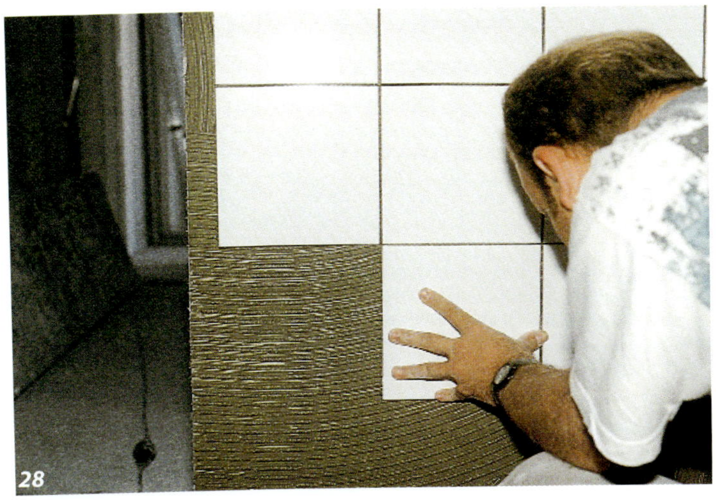
28

30

31

Anhang

Standort Wunschhäuser

Am Waldpark 1-15
22589 Hamburg

Vertrieb Wunschhäuser

Schwäbisch Hall Immobilien
Gesellschaft für Bauen und Wohnen mbH
Frau Andrea Nies
Schillerstr. 13
74523 Schwäbisch Hall
Tel.: 07 91 / 46 98 50
Fax: 07 91 / 46 45 08
E-Mail: andrea_nies@schwaebisch-hall.de

Hersteller Wunschhäuser (Bien-Zenker)

Bien-Haus AG
Am Distelrasen 2
36381 Schlüchtern
Tel.: 0 66 61 / 98-0
Fax: 0 66 61 / 98-177
E-Mail: info@bien-zenker.de

Zenker Hausbau GmbH + Co
Postfach 3320
64714 Michelstadt
Tel.: 0 60 61 / 75-0
Fax: 0 60 61 / 75-200

Hersteller Brettstapelsystem (Ökohaus)

Weizenegger GmbH
Zimmerei und Fertigbau
Ziegelwiesenweg 1
88410 Bad Wurzach
Tel.: 0 75 64 / 28 22
Fax: 0 75 64 / 43 55
E-Mail: Zimmerei@holzbau-weizenegger.de

Innenausbau

Damian Werner GmbH
In der Hofwiese 10+12
36148 Kalbach/Rhön
Tel. 06655 / 12-0
Fax 06655 / 12-188
E-Mail: verwaltung@wernergruppe.de

Heiztechnik + Bäder

Fehl + Sohn
Auf dem Brühl 4–6
36399 Freiensteinau
Tel. 06666 / 9601-0
Fax 06666 / 9602-22
E-Mail: info-freiensteinau@fehlundsohn.de

Lage- und Absteckplan

wfw Nordconsult GmbH
Friedrich-Ebert-Damm 160
22047 Hamburg
Tel.: 040 / 69 65 07-0
Fax: 040 / 69 32 539
E-Mail: wfw@nordconsult.de

Außenanlagen

EGL
Entwicklung und Gestaltung von Landschaft
Unzerstr. 1–3
22767 Hamburg
Tel.: 040 / 3891280
Fax: 040 / 383451
E-Mail: EGL-Hamburg@t-online.de

Architekten

Generationenhaus (S. 8)

Baufrösche
Stadt- und Bauplanungs GmbH
Architekten
Lange Str. 90
34131 Kassel
Tel.: 05 61 / 93 79 90
Fax: 05 61 / 93 79 922
E-mail: baufroesche@t-online.de

Büro Berlin:
Brunnenstr. 181
10119 Berlin
Tel.: 030 / 28 30 56 50
Fax: 030 / 28 32 702
E-Mail: baufroesche@asnafu.de

Winkelhaus (S. 34)

Inken Baller
(Prof. Dipl.-Ing. Architektin BDA)
Planung – Entwurf – Bauleitung
Hasenheide 92
10967 Berlin
Tel.: 030 / 6 94 70 25
Fax: 030 / 6 93 17 79
E-Mail: Inken.Baller@t-online.de

Kernhaus (S. 66)

Tim Heide, Verena von Beckerath, Andrew Alberts
Architekten
Kurfürstendamm 173
10707 Berlin
Tel.: 030 / 8 85 18 79
Fax: 030 / 8 85 20 95
E-mail: hyp95@bln.de

Stadthaus (S. 88)

Spengler-Wiescholek
Freie Architekten und Stadtplaner
Elbchaussee 28
22765 Hamburg
Tel.: 040 / 38 99 86-0
Fax: 040 / 38 99 86-33
E-mail: spe-wie-architekten@t-online.de

Ökohaus (S. 116)

Joachim Eble Architektur
Dipl.-Ing. Freier Architekt BDA
Berliner Ring 47a
72076 Tübingen
Tel.: 0 70 71 / 96 94-0
Fax: 0 70 71 / 60 09 12
E-mail: eble@tuebingen.netsurf.de

Variantenhaus (S. 142)

Peter Kulka
Univ. prof. Dipl.-Architekt BDA
Neusser Str. 27-29
50670 Köln
Tel.: 0221 / 97 30 40-0
Fax: 0221 / 73 90 819 + 37 20 250
E-Mail: atelier@peterkulka.de

Büro Dresden:
Paul-Schwarze-Str. 2
01097 Dresden
Tel.: 03 51 / 8 11 87-0
Fax: 03 51 / 8 11 87-20

Wunschhäuser

Wohnfläche – Nutzfläche – Preise

Haustyp	Wohnfläche (m²)	Nutzfläche (m²)	Schlüsselfertig DM *)	Ausbauhaus DM *)
Generationenhaus				
Haus A1	136,70	210,92	297.440,–	257.100,–
Haus A2	91,10	110,90	270.810,–	243.400,–
Brücke			26.370,–	26.370,–
	227,80	321,82	594.620,–	526.870,–
Winkelhaus	155,33	254,85	414.460,–	350.260,–
Kernhaus	164,53	260,81	412.720,–	346.670,–
Stadthaus				
2-geschossig	114,78	173,85	363.500,–	311.640,–
3-geschossig	153,60	217,85	455.940,–	396.380,–
Okohaus	147,27	259,68	507.620,–	441.490,–
Variantenhaus				
klein	105,98	164,41	343.560,–	292.200,–
mittel	122,78	190,18	372.200,–	317.300,–

*) Preise inkl. 16% Mehrwertsteuer

Dank

Mein besonderer Dank gilt Herrn Dipl.-Ing. Klaus F. Herrmann (Bien-Haus-AG, Schlüchtern), Herrn Dieter Hünermann (STERN; Gruner + Jahr AG, Hamburg) und Herrn Siegfried Apfel (Schwäbisch Hall Projektentwicklung GmbH, Schwäbisch Hall), die meine Buchidee hilfreich akzeptierten.

Meine täglichen Besuche auf der Baustelle in Hamburg-Sülldorf wurden dankenswerterweise von dem Bauleiter Herrn Eugen Boschert (Bien-Zenker), seinem Nachfolger Herrn Michael Vogt und dem Technischen Leiter der Schwäbisch Hall Projektentwicklung GmbH, Herrn Björn Bachem mit kritischen Blicken und fachlichen Tipps begleitet.

Den „Wind-und-Wetter-Handwerkern“, den „Baustellen-Truckern“ (Tischler, Zimmerer, Dachdecker, Innenausbauer, Fliesenleger, Heizungsbauer und Installateure) aus Hessen, Rheinland-Pfalz, Sachsen-Anhalt, Brandenburg, dem Schwabenland und Hamburg gehört mein sehr persönliches Dankeschön, weil ich sie beim Arbeiten fotografieren und gelegentlich nach handwerklichen Feinheiten befragen durfte.

Literatur / Fachzeitschriften

Bernd Grützmacher. „Mein Haus aus Holz: Planung – Konstruktion – Kosten – Eigenleistungen.“ Augsburg 2000

Bernd Grützmacher. „Niedrigenergie-Häuser aus Holz: Natürlich bauen – Allergiefrei wohnen – Kosten senken.“ München 1998

Bernd Grützmacher. „Kachelofenbau.“ München 1996

Othmar Humm. „Niedrigenergie- und Fertighäuser.“ Staufen 1998

Othmar Humm. „Niedrigenergie- und Passivhäuser.“ Staufen 1998

Heino Lenz. „Lexikon der Bauphysik.“ Düsseldorf 1999

Stiftung Warentest, test SPEZIAL. „Fertighäuser, Eigenheime aus der Fabrik.“ Berlin 2000

Sonderheft Besser Bauen und Einfamilienhäuser Besser Bauen. „Traumhäuser 2000“. Heft 1/2000

Die neue quadriga. Das Fachmagazin für den Holzhausbau. Heft 6/1999 und 2/2000

Bildnachweis

Bilder von Bernd Grützmacher. Bilder S. 89, 107 o., 115 u. und 146 o. von Fritz Meffert (Fa. Schwäbisch Hall)

Die Skizzen und Zeichnungen, die den einzelnen Kapiteln vorangestellt sind, wurden von den jeweiligen Architekten zur Verfügung gestellt. Die bemaßten Zeichnungen (Ansichten, Grundrisse, Schnitte) stammen vom Fertighaushersteller Bien-Zenker.

CALLWEY

Die Bücher

Natürlich Energie sparen! *Bernd Grützmacher präsentiert vier Niedrigenergie-Häuser unterschiedlicher Art – vom Baubeginn bis zum Innenausbau. Ökologische Baumaterialien, die energiesparendes und allergiefreies Wohnen erst möglich machen, werden ausführlich vorgestellt.*

Bernd Grützmacher, **Niedrigenergie-Häuser aus Holz**
160 S., 339 Abb., 35 Zeichn. Geb.
ISBN 3-7667-1304-3

Treppen als Gestaltungselement im Raum! *Hans Weidinger zeigt die vielfältigen Formen der heutigen Treppengestaltung – von der minimalisierten Sichtbetontreppe bis zu technisch verfeinerten Materialkombinationen aus Holz oder Stahl, Stein oder Glas. Aktuelle Architekturtendenzen!*

Hans Weidinger, **Treppen im Einfamilienhaus**
160 S., 190 Abb., 50 Skizzen. Geb.
ISBN 3-7667-1412-0

Traumhäuser am Mittelmeer! *Thomas Drexel zeigt, wie man „sein" Haus findet und vermittelt alles Wissenswerte zum Trendthema. Er informiert über Haussuche und Kauf im Ausland sowie über Renovierung und Umbau. Vorher- und Nachher-Beispiele dokumentieren die Umsetzung.*

Thomas Drexel, **Häuser im Süden**
160 S., 162 Abb., 24 Grundr. Geb.
ISBN 3-7667-1333-7

www.callwey.de